삶의 겨를마다

삶의 겨를마다

곽다영 단상집

차례

9 이를테면
12 아침의 바람
15 아름다움의 쓸모
19 빗소리
21 다른 나
24 아무튼, 돈
27 수건 세탁
30 네가 좋으면 나도 좋아
34 영업 여행
37 한강 수영장
40 책과 시간과 돈
43 말
45 나는
48 천일 동안
50 우리는 여전히 삶을 사랑하는가
53 아침의 질문
56 안녕 나의 다른 사람
58 여보 원래 안 그랬는데
61 여행

손을 맞잡는 것만으로도	64
시간을 잊을 수 있을까	67
여행처럼	71
이케이 비치	73
술 조심	76
휴식	78
감정	82
홀라	85
말하기	88
브로콜리 너마저	91
책의 이동	94
나아지기보다는 덜 나빠지기를	97
그런 재미가 있었다	99
어떤 그리움	102
병원	105
꿈	108
불행	110
배움의 감각	113
도착	116

119	과정: 일이 되어 가는 경로
122	미래
124	영영
127	어쩌다
130	낙관
133	나도 그중 하나였다
136	나의 미래
139	누운 채로
142	가을 아침
145	점점 커지는 세계
149	평화로운 날
152	병원 가는 날
154	연민
157	작은 사람
160	내가 주고 싶은 사랑
162	생일 아침
165	살던 집에서 꾸던 꿈을 꾸는 삶
179	안부

이를테면

'이를테면, 말하자면, 그러니까' 같은 부사를 좋아한다. 앞서 했던 말을 더 정성껏 설명하기 위해 시간을 붙잡는 말들. 상대가 내 말의 뜻을 더 잘 이해할 수 있도록 쉬운 언어를 고르고 적확한 표현을 찾겠다는 의지가 담긴 말들. 그 궁리하는 얼굴을 가만히 보며 다음 말을 기다리는 이의 마음도 좋아한다. 애정하는 작가를 통해 알게 된 한 시인의 낭독회에 간 적이 있다. 그 시인은 '이를테면'이라는 말을, '그러니까'라는 말을 정말 자주 쓰더라. 작은 책방 안에 열 명 남짓한 사람들이 모였던 저녁. 처음에는 그가 부끄럼을 많이 타는가 싶었는데 그는 그저 찬찬한 사람이었다. 낯선 사람들 앞에서 잘 말하는 일에 능숙할 필요는 없다는 듯이 천천히 드문드문 말하는 그는 다감하고 우아했다. 그가 전하고 싶은 것이 부연하여 번듯해지는 언어가 아니라 그의 마음인 것만 같아서, 그 그윽함이 아름다워서 나도 몰래 얌전히 그의 말을 기다리게 되었다. 그 마음으로 사랑하는 이의 이야기도 들어야지 다짐하며 집으로 돌아왔다. 돈을 주고 모르는 이의 이야기를 들으러 멀리 다녀온 정성으로 내 곁에 있는 사람의 말도 들어 줘야지. 당신에게 내어줄 시간과 마음을 준비해야지. 시간과 마음이 충분해야 더 가까운 이야기를 나눌 수 있다는 걸 배웠으니까. 당신과 더 오래 이야기하고 싶다. 방금 당신이 한 말에 너무 빨리 답하지 않도록 숨을 고르면서 말과 말 사이 간격을 넉넉히 두고 싶다. 당신에게 덧붙여서 말하고 싶은 마음이 생길지도 모르니까.

아침의 바람

다섯 시 이십 분쯤 잠에서 깼다. 일어날까 말까 누운 채로 한 시간을 고민하다 선잠에 드는가 싶었지만 결국 일곱 시쯤 일어나 거실로 나왔다. 남편의 알람은 일곱 시 사십 분에 울리고 나는 대체로 그보다 일찍 일어나는 편이다. 자고 일어나면 가볍게 스트레칭하고 물을 끓여 마시고 책을 읽는다. 잘 자고 일찍 일어나 맞는 아침을 좋아한다. 살수록 밤보다는 아침형 인간에 가깝다고 느낀다. 여전히 밤이 두렵다. 어둠 속에 혼자 남겨질 것 같은 불안. 언제부터 그런 걸 두려워하게 된 걸까. 아이유의 노래 중에 '이 밤에 아무 미련이 없어 난 깊은 잠에 들어요'라는 가사가 있다.

그 깊은 잠이 부럽다. 온전히 살고 미련 없이 잠들 수 있는 하루를 매일 소망한다. 항호르몬 치료를 받기 시작한 후로 사나흘은 잠을 설치고 하루 정도는 대여섯 시간 깨지 않고 푹 자는 패턴을 반복하고 있다. 이제는 잘 자지 못한 날에도 며칠 후에 잘 자겠지, 생각하고 만다. 다만 깨어 있는 시간에 뭔가 말끔한 상태라는 느낌이 들지 않는다. 그래서 더 시간을 잘 쓰고 싶어 하는가 싶다. 내게 확실히 있는 것이 시간뿐이어서, 그게 무한하지 않다는 사실을 알아서 자꾸만 더 욕심이 난다. 내게 주어진 시간을 최대한 마음껏 쓰고 싶다. 그런 바람으로 하루를 시작하면 어쩐지 잘 살고 싶어진다.

아름다움의 쓸모

우리 집 식탁은 짙은 나무색의 직사각형으로 좁은 면 한쪽이 벽에 붙어있다. 벽의 길이가 식탁의 너비와 꼭 맞아서 볼 때마다 흡족하다. 식탁 위에는 유리로 만든 버터 그릇이 있고 그 안에는 남편의 약이 들어 있다. 매일 아침저녁으로 챙겨 먹어야 하는 심혈관 질환 치료 약이다. 그 옆에는 에그 스탠드가 두 개 있는데 하나는 단아한 도자기 재질이고 하나는 태국 여행에서 사 온 것으로 은빛이다. 자세히 들여다보면 가지를 넓게 퍼뜨린 나무 한 그루 아래 세 마리의 코끼리와 용을 닮은 기묘한 생물 하나가 새겨져 있다. 그 옆에는 동네 빈티지 가게에서 사 온 투명한 초록빛의 작은 유리잔이 있다. 에그 스탠드보다 좁고 긴 형태로 제주에서 사 온 보들한 레이스 뜨개 위에 놓여 있다. 안에는 같은 가게에서 사 온 아주 작은 스푼을 넣어 두었다. 그 스푼으로 매일 아침 로열젤리 분말을 소량씩 떠먹는다. 이 앙증맞은 사물들은 그 못지않게 작고 귀여운 버터 색 사각 접시 위에 올려져 있다. 그 옆에는 사각형의 도자기 그릇이 있다. 제주 여행 중 큰 빈티지 매장에서 사 온 것으로 이제는 사라진 어느 호텔에서 냅킨을 담아두는 용도로 쓰던 것이라고 한다. 이제는 우리 집 식탁 위에 올려져 나의 항호르몬 치료 약과 남편의 간 보조제와 심혈관 질환 비상약을 담고 있다. 아침저녁으로 때에 맞춰 각각의 약을 꺼내 에그 스탠드에 담아 먹는다. 약을 보관하고 약을 모아 담고 약을 먹는 행위는 때로 번거롭고 울적한 일이어서 아름다운 사물들의 도움을 받는다. 즉각적으로 기분을 달래는데 아름다움은 꽤 유용하다.

빗소리

아침부터 빗소리가 굉장하다. 내린다기보다는 쏟아지고 있다. 너무 대차서 없던 기세도 꺾이는 기분이다. 창문을 다 닫았는데도 세찬 빗소리가 집안을 가득 채운다. 가까운 곳에 폭포가 있다고 해도 믿어질 것 같다. 궂은 날씨에도 출근하는 남편을 보면서 이런 날 시간 맞춰 밖에 나가지 않아도 되는 지금의 내 처지란 얼마나 황송한가 생각했다. 삶이란 참 모를 일이다. 암 진단을 받았을 때만 해도 앞으로의 삶은 온통 불행으로 가득 차겠구나 싶었는데. 이제 나는 흐린 하늘처럼 대체로 울상을 짓다가 자주 울면서, 크게 울었다가 작게 울었다가 하면서 지겹게 비를 내리는 사람으로 살겠구나 짐짓 각오도 했는데. 그런데 웬걸. 머쓱하게도 전보다 자주 웃고 대체로 즐거이 살고 있다. 생각해 보면 나쁜 일을 겪을 때마다 삶이 묘하게 좋은 쪽으로 기우는 것 같다. 너무 나쁜 일이어서 바짝 긴장하고 태세를 가다듬었는데 정작 별일 없이 시간은 흐르고 나는 은연중에 자라 이만치 와 있다. 인간은 과연 어떤 힘으로 살게 되는 걸까. 어떤 두려움은 살아갈 힘이 되기도 하는 걸까. 이 글을 쓰기 시작할 때 만해도 너무 큰 빗소리에 힘이 빠지는 기분이었는데 쓰다 보니 어느새 생기가 돈다. 글을 쓰며 나아지는 마음을 자주 겪는다. 그 확실한 변화를 믿기 때문에 이렇게 뭐라도 쓰는가 싶다.

다른 나

지난봄에 4주 동안 연기 수업을 들었다. 연기라니. 지금 생각해도 내가 연기를 했다는 사실이 기이하게 느껴진다. 연기 수업을 듣겠다고 말했을 때 깜짝 놀라던 남편의 표정이 기억난다. 아마 반대로 그가 연기를 배우겠다고 했어도 나 또한 적지 않게 놀랐을 것이다. 연기라니. 정말 뜬금없지 않은가. 살면서 한 번도 연기라는 걸 해보고 싶다고 바란 적이 없었는데. 하물며 사람들 앞에 나서서 말하는 일조차 힘들어했는데. 지금껏 그런 상황을 요리조리 피하며 살아왔는데 말이다. 재미있게도 살다 보니 그 두려움이 연기를 배우고 싶은 이유가 되었다. 태어나 지금까지 내게 주어진 환경과 조건과 학습의 영향으로 나라는 사람이 만들어졌을 테니까. 그와 다른 조건이 주어졌더라면 나는 어떤 사람이 되었을까, 문득 그런 게 궁금해졌다. 어떤 나는 사람들 앞에 나서는 걸 두려워하지 않았을 수도 있다. 나라면 하지 않을 선택과 말과 행동을 하는 나를, 지금과 다른 나를 한 번 상상해 보고 싶었다. 상상을 넘어 경험해 보고 싶었다. 어떤 경험은 기간과 기간 사이의 구분 선이 되기도 하니까. 지금까지의 나를 바꿀 수는 없지만 앞으로의 나는 어떻게 해볼 수 있지 않을까 싶은 마음으로. 문득 그런 기대를 하는 나 또한 어느 시절의 나로부터 변해있는 나라는 사실을 깨닫는다.

아무튼, 돈

일을 그만둔 지 일 년 하고도 반이 지났다. 어째 날이 갈수록 직장에 다닐 때보다 더 바빠지고 있다. 해야 할 일과 하고 싶은 일이 끝없이 쌓여 '일'이라는 것이 도무지 끝나지 않는다. 직장인으로 살 때는 회사에 출근하는 것만으로도 뭔가를 했다고 느낄 수 있었다. 아무튼 자리에 앉아 있는 동안 주어진 일을 하면 약속한 날짜에 돈을 받을 수 있었으니까. 이제는 하루 종일 바쁘게 움직여도 그 일이 수익으로 이어지지는 않는다. 어딘가 가고 무언가를 보고 배우고 누군가를 만나면서 그저 돈을 쓸 뿐이다. 지금 나의 주요 자원은 시간이다. 살면서 이렇게 시간을 많이 가져본 적이 있었나 싶다. 이 시간이 너무 귀하다는 사실을 알아서 뭔가 중요한 경험을, 어떤 생산적인 활동을 해야 할 것만 같다. 도무지 가만히 있지를 못하겠다. 아무 일도 하지 않고 하루를 보내는 건 대체 어떻게 하는 거였더라. 얼마나 많은 시간과 돈과 경험과 또 무엇을 가져야 그런 하루를 보내고도 아깝지 않을까. 나는 언젠가 다시 직장으로 돌아가게 되려나. 이십 년 넘게 회사에 다녔는데 왜인지 다시 직장 생활을 하는 내가 잘 상상되지 않는다. 돈은 전부가 아니지만 사는 일에는 아무튼 돈이 든다. 나는 무엇을 해서 돈을 벌 수 있는 인간인가. 내게는 무엇이 있지. 무엇을 팔 수 있지. 무엇을 돈으로 바꿀 수 있지. 같은 질문에 수년째 답을 구하고 있다.

수건 세탁

일주일에 두 번 수건을 세탁한다. 화요일에 한 번, 금요일에 한 번. 직장에 다닐 때는 모아두었다가 주말에 한 번만 했는데 아무래도 집에 있다 보니 빨래 바구니에 쌓이는 수건이 영 눈에 거슬린다. 하루에 평균 세 장의 수건을 쓴다. 손을 닦는 용도로 한 장, 두 사람이 샤워할 때 각자 한 장씩. 수건을 세탁할 때는 되도록 세제를 적게 쓰려고 한다. 종이 세제를 아주 작게 잘라 넣고 과탄산소다를 반 컵 정도 넣은 후에 온수로 17분간 세탁한다. 우리 집 세탁기의 기본 세탁 시간은 14분인데 어째서인지 그다음이 17분이고, 왜인지 수건은 조금 더 오래 빨아야 할 것 같다. 그렇게 첫 번째 세탁이 끝난 후에는 찬물로 두 번 헹구는데, 첫 번째 헹굴 때 식초를 휘휘 세 바퀴 정도 붓는다. 너무 많이 넣으면 한 번 더 헹궈도 시큼한 냄새가 남기 때문에 주의한다. 탈수까지 마친 수건을 건조기에 넣고 두 시간 이상 말린 후에 잘 개켜서 욕실 장에 넣으면 세탁 과정이 모두 끝난다. 전에는 세제 통에 세제와 섬유유연제를 각각 넣고 수건 코스를 선택해 동작 버튼을 누르는 것이 과정의 전부였다. 어디선가 수건에 섬유유연제를 쓰는 게 좋지 않다는 말을 듣고 방법을 바꿨다. 섬유유연제는 세탁물을 코팅하는 기능이 있어서 여러 번 헹궈도 잔여물이 남는다고 한다. 일반적인 의류와 달리 수건은 젖은 피부에 직접 닿는 데다 세탁도 자주 해야 하므로 세제를 적게 쓰는 편이 여러모로 좋다는 거였다. 이후로는 다른 의류를 세탁할 때도 세제 사용량을 줄이려고 한다. 알고 보면 딱히 필요하지 않은데 습관적으로 사용하는 물품이 생각보다 많은 것 같다. 아마 어떤 제품들은 굳이 생산할 필요가 없는데도 단지 판매를 위해서 만들어지고 있겠지.

네가 좋으면 나도 좋아

남편과 나는 종종 서로에게 선택권을 넘긴다. 가령 점심이나 저녁에 무얼 먹을지, 주말이면 잠깐이라도 어딘가 다녀올지 혹은 종일 집에서 쉴지. 여름 여행지는 어디로 정할지. 항공편의 가격은 어느 정도가 적당할지, 숙소는 어디로 할지. 함께 마트에 가서는 무엇을 카트에 담을지, 과자나 맥주를 살지 말지 결정하기를 서로에게 미룬다. "뭐 먹고 싶어?" 하고 물으면 "여보 먹고 싶은 거."라고 답하는 식이다. 신기하게도 그런 식으로 문답이 이어져도 무언가 선택되고 중요한 결정이 내려지고 우리의 삶은 대체로 분쟁 없이 무탈하고 평온하게 이어진다. 십이 년을 함께 사는 동안 매일 같이 서로를 관찰하고 탐구하면서, 또 상대에게 영향을 받으면서 진로를 결정하고 공동의 문제를 해결해 왔기에 가능한 일이다. 우리에게는 상대의 성향이나 취향을 파악할 만큼 충분한 데이터가 쌓여있다. 내가 원하는 바를 선택할 때 그 안에는 이미 내 선택으로 인한 상대의 반응 값이 포함되어 있다. 웬만해서는 상대가 좋아하지 않는 쪽을 굳이 선택하지 않는다. 그것은 때로 각자에게 한계가 되지만, 그 한계를 감내함으로 얻게 되는 혹은 지킬 수 있는 것들의 가치가 더 크기에 기꺼이 타협이 가능하다. 남편이 "네가 좋으면 나도 좋아."하고 말할 때 나는 그의 진심을 믿을 수 있다. 그 마음이 어떤 건지 너무 잘 안다.

영업 여행

장마와 함께 여름이 시작되던 즈음에 전주에서 열리는 북페어를 핑계로 여행을 떠났었다. 처음에는 구례에 사는 친구 집에 들러야 했던 것에 살이 붙어, 열흘 간의 남쪽 여행이 되었다. 운전할 때는 티맵을 이용하지만, 도착지에서는 주로 네이버 지도로 식당이나 카페를 찾거나 정하는 편이다. 지도를 보다가 문득 지나는 길에 있는 독립 서점에 들러볼까 싶었다. 책방 구경도 하고 책을 한 권 사면서 내 책을 소개하면 어떨까 싶었다. 영화나 드라마에서 보았던 것처럼 제품을 들고 다니면서 홍보하는 영업 사원이 되어보는 거였다. 호기롭게 천 부를 인쇄하긴 했는데 도무지 어떻게 팔아야 하나 막막하던 차에 뭐라도 해보자는 심정이었다. 열흘 동안 총 열여덟 군데의 책방에 들렀다. 그중 세 곳은 문을 열지 않았거나 폐업한 상태였다. 열다섯 군데의 책방에서 열여섯 권의 책을 샀다. 서점에 내 책을 소개하고 건네는 일이 실례나 부담이 될 수도 있을 것 같아서, 아무래도 책을 먼저 사는 게 좋겠다고 생각했다. 그 시간이 정말 좋았다. 서점 지기가 세심하게 골라 진열해 둔 책들을 구경하면서 읽고 싶은 책을 고르는 그 시간이 정말이지 행복했다. 역시 책은 파는 쪽보다는 사는 쪽이, 쓰기보다는 읽는 편이 더 즐겁구나 새삼 깨달았다. 기쁘게도 몇 군데 서점에서 입고 요청을 받아 서울로 돌아오는 길에 책을 전달했다. 여행 동안 총 스물한 권의 책을 팔았고 집에는 아직 오백 권의 책이 남아있다.

한강 수영장

8월을 맞아 벼르고 벼르던 한강 수영장에 다녀왔다. 집에서 가까운 곳은 난지나 양화 한강공원에 있는 수영장이지만 찾아보니 그곳은 수심이 1m도 채 되지 않는다. 명칭도 물놀이장이다. 사실 나는 수영을 할 줄 몰라서 물놀이하러 가는 게 맞긴 하지만 그래도 수심이 1m는 넘어야 재미있을 것 같았다. 티맵에 여의도 한강공원을 찍으니 이십 분밖에 걸리지 않는다. 오전 10시가 조금 넘은 시각인데도 벌써 34대의 차량이 가고 있다고 한다. 옷장에서 수영복을 찾아 입고 수영모와 비치타월을 가방 안에 대충 욱여넣었다. 커피와 생수와 작게 썬 채소를 챙기고 가는 길에 동네 김밥집에서 김밥도 샀다. 나에게 없는 것은 함께 놀 사람뿐이었다. 평일 오전인데도 수영장에 사람이 제법 많았다. 대부분 가족이나 친구들과 함께 온 듯했다. 혼자 온 남자를 세 명쯤 보았고 혼자 온 여자는 보지 못했다. 파라솔 아래 주황색 돗자리를 깔고 짐을 내려 두었다. 입고 간 원피스를 슬그머니 벗고 수영모를 쓰고 바로 수영장 안으로 들어갔다. 볕을 받아서인지 물이 따뜻했다. 사람이 많아서 짧게 짧게 이만큼 갔다가 그만큼 다시 돌아오기를 반복했다. 계속해서 공간을 찾아 헤엄쳤지만 어디에나 사람들이 있었다. 수영장이 더 넓었으면 싶었다. 너무 감질나서 바다에 가고 싶어졌다. 바다에 누워서 하늘을 올려다보았던 일 년 전 오늘이 그리웠다. 그래도 이렇게 살아 물속에서 참방거릴 수 있으니 얼마나 다행인가. 매년 8월 1일에는 어디서든 물놀이를 할 수 있기를 바랐다.

책과 시간과 돈

시간이 많아져서 좋은 점 중 하나는 책을 많이 읽을 수 있다는 것이다. 직장을 그만둔 후로 책을 꽤 많이 읽고 있다. 작년에는 63권을, 올해 들어서는 37권의 책을 읽었다. 아마도 지금이 살면서 책을 가장 많이 읽는 때이지 않을까 싶다. 앞으로 내게 이런 시간이 얼마나 주어질지는 알 수 없으므로. 책을 읽기 위해서는 무엇보다 시간이 필요하다. 시간뿐 아니라 공간도 필요하고 무언가를 궁금해하거나 탐구하고자 하는 욕구와 의지, 타인의 경험과 의견을 받아들일 수 있는 심적 여유도 필요하다. 어느 정도의 건강 또한 무시할 수 없는 요건이다. 이 모두는 돈과 연결된다. 이십 년 넘도록 직장 생활을 하면서 내가 벌고 있는 것이 정확히 무엇인지 깊이 생각해 보지 않았다. 살기 위해서는 돈이 필요하고 돈을 벌기 위해서는 일을 해야 했다. 약속한 노동을 제공하고 그 대가로 돈을 받는다고 단순하게 생각했다. 시간을 벌기 위해 시간을 쓰고 있다는 사실을 깨달은 지는 얼마 되지 않았다. 시간을 가진 후에야 시간이 보이기 시작했다. 그중 많은 시간을 책 읽는 데 쓰는 이유는 그것이 무언가를 알고 이해하는 데 가장 적은 시간을 들일 수 있는 방법이기 때문이다. 나는 보다 많은 것을 알고 싶고 경험하고 싶다. 그러나 그만한 시간과 돈과 건강은 영원히 충분하지 않을 것이다. 그럴 때 책의 존재가 큰 위로가 된다. 누군가가 경험하고 이해하고 정리한 삶의 면면을 한자리에 앉아서 읽는 것만으로 나는 무수한 세계에 가닿을 수 있다. 타인의 경험과 해석에 기대어 나를 보완하고 삶을 도모할 수 있다. 책을 읽고 있으면 또 다른 책이 읽고 싶어지고 그사이 또 새로운 책이 나오고, 그렇게 읽고 싶은 책이 끝없이 쌓인다. 세계가 너무 넓고 다채로워서 나는 기쁘기도, 초조하기도 하다.

말

남편이 출근하고 나면 대부분의 시간을 혼자서 보낸다. 아침 설거지를 하고 간단하게 집안을 돌보고 나면 책을 읽거나 글을 쓰고 점심을 챙겨 먹고 유튜브를 보면서 근력 운동을 하고 밖으로 나가 삼십 분에서 한 시간 정도 산책을 한다. 산책길에 마트나 빵집에 들러 식재료를 사고 집에 돌아오면 온몸이 땀에 젖어있다. 샤워하고 커피를 한 잔 마시고 채소를 손질하고 저녁을 준비하고 다시 책을 읽거나 영화를 본다. 어떤 날은 전시를 보러 가기도 하고 동네에 있는 카페에 가기도 한다. 종종 며칠씩 여행을 떠나곤 하는데 여행지에서도 크게 다를 건 없다. 차에서도 혼자 있고 식당에도 카페에도 혼자서 가고 미술관이나 관광지도 혼자서 둘러보니까 메뉴를 주문하거나 티켓을 구입할 때 말고는 딱히 입을 뗄 일이 없다. 이러다 말하기 능력을 상실하는 게 아닌지 문득 걱정된다. 이따금 누군가 만나거나 어떤 모임에 나가서 말할 일이 생기면 어쩐지 어색해서 주저하게 된다. 본래도 말을 잘하는 편이 아니었는데 그보다 더 못하게 되면 어쩌나 싶다. 며칠 전 독서 모임에서도 몇 번 그런 순간이 있었다. 뭔가 말하고 싶은데 이걸 어떻게 말해야 할지 모르겠는 기분이랄까. 어떤 감정이나 욕구는 느껴지는데 그게 정확히 어떤 의미인지, 내가 궁극적으로 전하고자 하는 바가 무엇인지 내 안에서조차 정리가 잘되지 않는 느낌이었다. 말할 필요가 없는 생활은 대체로 평안하지만, 말하고 싶은 걸 적시에 제대로 말하기 위해서는 뭔가 조치가 필요할 것 같다. 오늘부터는 책을 읽을 때라도 의식적으로 소리 내 읽어볼까 싶다.

나는

함께하는 시간이 길어질수록 과연 그에 대해 더 잘 알게 될까. 아무리 가까운 사이여도 결국 내가 알고 싶은 만큼만 상상할 수 있는 게 아닐까. 사랑하는 마음은 대체 어떻게 확인할 수 있을까. 내가 그를 사랑하고 있다고, 그가 나를 사랑하고 있다고 우리는 어떻게 확신할 수 있나. 사랑 앞에서 나는 대체로 무력하다. 그게 뭔지도 모르면서 그것이 가는 방향으로, 그것이 이끄는 대로 그저 끌려간다. 한 번도 이길 생각을 하지 않았던 것 중에 사랑이 있다. 다른 하나는 술이다. 술과 사랑이 나는 좋고 어렵고, 두렵다. 그들 앞에 서면 내가 원하는 것을 구분하는 능력을 상실

한다. 나는 그저 따른다. 별다른 저항 없이. 누군가를 아주 많이 사랑하고 싶다가도 문득 그런 엄청난 감정 같은 건 다시 경험하고 싶지 않다. 나로 하여금 나를 잊게 하는 사랑 같은 건 다시 하고 싶지 않다. 무언가 나를 넘어선다면 그것이 나이기를 바란다. '나는'으로 시작하는 문장을 수없이 쓰면서 그게 나라는 사실을, 살면서 내게 가장 가까운 사람이, 가장 오랜 시간을 함께 보낸 사람이 나라는 사실을 새삼 자각한다. 나는 나를 얼마나 더 알 수 있을까. 사랑할 수 있을까.

천일 동안

2021년 11월 17일 일기장에 '내 안에 정리되지 못한 수많은 나를 내려놓고 가볍게 살고 싶다.'라고 썼다. 그로부터 꼬박 천일이 지났다. 삼 년이 채 되지 않는 시간 동안 많은 일이 있었다. 다시 글을 쓰기 시작했고, 직장을 옮겼고, 그 직장을 그만두었고, 급성 알코올성 간염으로 술을 끊었고, 유방암 수술과 치료를 받았고, 책을 만들었다. 자동차 여행을 떠나 오랜 꿈이었던 제주살이를 했고, 훌라와 그림과 연기를 배웠다. 새로운 친구를 사귀고 새로운 장소에 가고 새로운 경험을 했다. 그러는 동안 꼬박꼬박 일기를 썼다. 그러니까 매일 얼마간은 나를 돌보는 시간을 가졌다.

내 안에 있는 것들을 정돈해서 글 안에 내려놓고 다음으로 갔다. 처음 일기를 쓰자고 생각했을 때는 사는 일에 지쳐있었다. 너무 많은 사건과 감정이 정리되지 않은 채로 내 안에 산재해 있었다. 자주 울적했고 무기력했다. 일기를 쓴 이유는 순전히 나를 돕기 위해서였다. 글을 쓰면 나아질 거라는 믿음이, 기대가 있었다. 천일 동안 매일 짧은 글을 쓰면서 나는 과연 나아졌다. 차곡차곡 유연해지고 견고해졌다. 내가 얼마나 나아졌는지 너무도 선명하게 느껴져서 새삼 가슴이 벅차다. 계속해서 다음을 살고 싶어졌다.

우리는 여전히 삶을 사랑하는가

에리히 프롬의 『우리는 여전히 삶을 사랑하는가』를 읽었다. 검색창에 '우리는 여전히'를 입력하면 내 책 아래 늘 이 책이 뜬다. 언젠가 읽어봐야지 하던 차에, 지난달 전주에서 들른 한 서점에서 책을 발견했다. 여행 중에 산 책이 꽤 많아서 그중 어떤 책을 먼저 읽을지 고민하며 하나씩 독파하고 있다. 세어보니 여행 이후 17권의 책을 읽었다. 문득 이건 좀 지나치다 싶다. 단시간에 이렇게 많은 정보와 타인의 견해를 읽는 게 과연 도움이 될지 의문이다. 독서는 물론 재미있고 유익한 취미지만, 한 권의 책을 끝내자마자 바로 다음 책을 읽기 시작하는 건 어쩌면 일종의 불안이나 게으름 때문인지도 모르겠다. 무언가 유의미한 활동을 해야 한다고 느끼면서, 동시에 어떤 일은 뒤로 미루고 싶어서 자꾸만 책에 의존하고 있다. 저자는 책의 말미에 진정한 활동성의 연습으로 한번 가만히 앉아 있어 보기를 권한다. 우리에게는 '가만히 앉아 바라보려는, 들어보려는, 명상하려는 노력'이 필요하다고. 말은 정말 쉬워 보이지만 '한번 해보면 당신이 얼마나 쉼 없는 행동의 강제와 분주함에서 헤어 나올 수 없는지 깨닫게 될 것이다.'라고 그는 썼다. 나는 언젠가의 완전한 자유를 꿈꾸면서 정작 스스로에게 가만히 있을 자유를 주는 데 인색하다. 아무것도 하지 않고 가만히 있으면 형편없는 사람이 될 것만 같은, 무리에서 도태될 것만 같은 상당히 비합리적인 불안을 느낀다. 앞으로는 강제로라도 쉬는 시간을 가져야겠다. 이를테면 해야 할 일에 '쉼'을 추가해서라도. 나는 여전히 삶을 사랑하고, 계속 사랑하고 싶으니까.

아침의 질문

아침마다 일력을 한 장씩 뜯으면서 한 해가 한 움큼씩 줄어드는 것을 실감한다. 남은 종이의 두께로 남은 시간을 가늠한다. 벌써 이만큼 살았고, 고작 이만큼의 시간이 남았구나. 입추를 지나면서 슬슬 바람이 불기 시작했다. 한낮의 기온은 여전히 높아 숨이 무겁지만, 해가 지면 매미 울음이 잦아들고 귀뚜라미 소리가 나직이 울린다. 날마다 아주 조금씩 가을의 함량이 늘어간다. 요즘은 일기예보 말고도 미세 먼지 지수를 자주 확인한다. 오늘의 지수는 '좋음'이다. '좋음'이라는 두 글자를 보면 절로 기분이 좋아진다. 쉽게 감탄하고 쉬이 행복해진다. 이런 성정은 타고난 것일까, 외부적인 요인에 의해 만들어진 것일까. 나는 언제부터 만들어지기 시작했을까. 시작을 생각하면 엄마의 자궁 안에 웅크리고 있는 어떤 생명체의 이미지를 상상하게 된다. 내가 어떤 덩어리로 존재하기 시작했을 때부터 나는 내 부모의 습성과 삶의 조건, 태도 같은 것들을 흡수하고 있었을 것이다. 나는 언제부터 나를 나로 인식하고 그들로부터의 독립을 꿈꿨을까. 언제부터 그들과 다르게 살고 싶어 한 걸까. 결국 완전한 독립이나 자립 같은 것은 별 의미가 없다는 사실을 깨닫기까지 내가 원한 것은, 추구하고자 했던 것은 무엇이었을까. 나는 어디까지 나일 수 있고, 어디까지 나아갈 수 있는 존재일까. 앞으로의 내 삶에는 또 어떤 일들이 마련되어 있나. 나는 무슨 일까지 할 수 있고 어디까지 견딜 수 있을까. 나는 언제까지 지금의 나일까. 내가 변한다면 과연 그 시점을 스스로 알아차릴 수 있을까. 한 해를 사계절로, 열두 달로, 다시 한 달을 며칠로, 또 한 주를. 그렇게 시간을, 삶을 쪼개고 잘게 나눠서 구분 짓고 사는 우리는 그래서 언제부터 여기에 있었나. 이 끝없는 질문에 대해 생각하느라 아침을 다 보내고 말았다.

안녕 나의 다른 사람

한 시인이 진행했던 글쓰기 워크숍의 질문과 답. 내가 원하는 것: 건강하고 긴 삶, 죽을 때까지 살 수 있는 내 집, 혼자 있고 싶을 때 그렇게 할 수 있는 공간과 시간, 나를 제대로 보고 받아들일 수 있는 마음, 멀리서 나를 바라볼 수 있는 여유. 내가 원하지 않는 것: 사랑이 끝나는 일, 누군가가 나를 속이는 일, 누군가가 나를 속였다는 사실을 알게 되는 일, 지나치게 눈에 띄거나 존재감이 너무 없거나. 내가 좋아하는 것: 아무 할 일 없는 휴일, 제주 비자림 산책, 튜브 끼고 하는 물놀이, 남편이 만든 파스타, 낮술. 내가 싫어하는 것: 새벽에 잠에서 깨는 일, 바쁜 느낌, 전화

받는 일, 물건이 내가 생각하는 자리에 있지 않는 것, 곤충이나 동물을 무서워하는 나의 마음. 사람들이 내게 하지 않았으면 하는 것: 죽는 일, 작정하고 하는 거짓말, 소리 높여 화를 내거나 욕하는 일, 밥 먹는 나를 쳐다보는 일, 웃으면서 내 팔이나 등, 허벅지를 때리는 일. 내가 사람들에게 해주고 싶은 것: 돈이 많이 생기면 집을 사줄게. 혼자 있고 싶을 때 내버려둘게. 혼자이기 싫을 때 함께 있어 줄게. 이야기하고 싶을 때까지 기다려 줄게. 가고 싶은 곳에 데려다줄게.

여보 원래 안 그랬는데

"여보 원래 안 그랬는데." 요즘 남편에게서 자주 듣는 말이다. 우리가 함께 산 지 오늘로 11년 9개월 하고도 보름이 지났다. 남편이 보기에 그사이 나는 꽤 많이 변한 모양이다. 그도 그럴 것이, 세월이 많이 흘렀다. 마흔을 훌쩍 넘은 나는 전에 없이 많이 까분다. 기분이 좋으면 아무렇게나 몸을 흔들어 춤을 추기도 하고 제자리에서 팔짝팔짝 뛰기도 하고 곧잘 남편을 놀리기도 하고 크게 웃고 많이 말한다. 이전의 나로서는 상상하지 못했던 모습이다. 결혼 초만 해도 내 기분은커녕 생각이나 의견을 내세우는 일에도 딱히 욕심을 내지 않았다. 되도록 분쟁을 피하고자 했고,

나로 인해 상대의 기분이나 공기의 흐름이 탁하게 변하는 상황을 꺼렸다. 나를 아주 감추거나 속이고 살았던 건 아니지만 어떤 마음가짐이 지금과는 분명히 달랐던 것 같다. 그때의 나는 애석하게도 나를 그대로 보여줘도 된다고, 나인 채로 충분하다고 느끼지 못했다. 늘 어딘가 꾸미거나 가리거나 숨기거나 해서 아무튼 더 예쁘게, 아름답게, 여성스럽게, 착하게, 순하게 보이기를 바랐다. 남들이 하는 걸 나도 해도 되는 줄 몰랐다. 가령 크게 웃거나 크게 말하거나 노래를 흥얼거리거나 춤을 추는 일 같은 걸 나도 할 수 있다고 생각하지 못했다. 요즘 나는 그런 걸 마구 한다. 그사이 어떤 특정한 계기가 있었던 건 아니다. 단순하거나 단일한 이유 때문이라기보다는 그저 살면서 여러 사건과 상황을 지나왔고, 점점 더 내게 이로운 쪽을 선택하는 기술을 익히게 되었다. 오랜 시간을 통과하는 동안 아주 천천히 긴장이 풀린 것 같다. 어쩌면 살수록 더 느긋하고 가벼워지려나. 그런 생각을 하다 보면 나이 드는 일이 설레기도 한다.

여행

일 년 전 오늘은 두 달간의 자동차 여행을 마치고 집에 돌아온 날이다. 서울에서 시작해 전주와 구례와 남해를 거쳐 완도에서 배를 타고 제주에 갔었다. 제주의 친구 집에서 여름을 보내고 다시 육지로 돌아와 목포와 군산을 여행했다. 일수로 따지면 56일. 결혼한 후로 가장 오래 집을 떠나 있었던, 그러니까 남편과 떨어져 지냈던 기간이었다. 장마가 시작될 때쯤에 여행을 떠나 한 달 동안은 비와 함께 지냈다. 비가 세차게 쏟아지는 고속도로를 달릴 때면 삶이 희부옇고 위태롭게 느껴져서 핸들을 쥔 손에 바짝 힘이 들어갔다. 흐린 하늘 아래 먹먹하고 습한 공기 속에서도 매일 즐거웠다. 장마가 끝난 후에는 하루가 멀다고 바다에 들어갔다. 해가 뜨거운 한낮에는 물속도 따듯했다. 부드러운 물 위에 누워 하늘을 보고 바다를 만지며 여름을 났다. 저녁이면 밥을 챙겨 먹고 종종 남편과 영상 통화를 했다. 남편은 매번 인제 그만 돌아오라고 말했지만, 나는 그가 그리 멀리 있다고 느껴지지 않았다. 물리적으로는 분명 먼 거리에 있는데 함께 있지 않다는 실감이 나지 않았다. 이 관계가 어떤 지점을 초월했구나 싶었다. 원가족에게 느껴지는 애정 같은 것. 거기 있다는 확신, 보고 싶을 때 볼 수 있다는 믿음, 근원적 그리움 같은 감정을 느꼈다. 관계는 이렇게도 단단해지는구나 그런 생각을 했다. 오늘은 남편과 오키나와로 여행을 떠나는 날이다. 앞으로 일주일 동안 내내 붙어 지낼 생각을 하니 새삼 놀랍다. 이렇게 오래, 이렇게 가까이 지낼 수 있는 타인이라니. 여행 동안 이 감격을 자주 기억해야겠다.

손을 맞잡는 것만으로도

비행기가 이륙하거나 착륙할 때 남편의 손을 잡는 버릇이 있다. 그 시간이 되면 눈을 감고 있거나 책을 읽다가도 옆 좌석으로 손을 뻗어 그의 손을 찾는다. 그러면 남편도 말없이 내 손을 맞잡는다. 우리를 태운 비행기가 공중으로 날아오르는 순간 혹은 비행기의 육중한 바퀴가 활주로에 닿는 순간, 그 엄청난 굉음과 속도감 속에서도 남편의 손을 잡고 있으면 마음이 놓인다. 이대로 어떻게 되어도, 혹여 이 순간이 우리의 끝이어도 함께 있어서 다행이라는 생각이 든다. 어떤 지점을 통과하는 찰나에 우리가 함께라는 사실이 좋다. 이런 마음을 언제부터 갖게 되었을까.

부모에게도 이런 걸 바란 적은 없는 것 같다. 마지막 순간에 함께 있기를 바라는 마음이라니. 내가 이 세계에서 저 세계로 옮겨가는 찰나, 내 상태가 변화하는 시점을 함께 경험하고 싶은 사람이라니. 그 존재가 때로는 어떤 능력처럼 느껴진다. 영웅들의 초능력이나 특별한 기술처럼 남을 돕거나 인류를 구하지는 못하겠지만, 적어도 나를 돕고 구하는 데에는 꽤 쓸모가 있다. 남편과 손을 맞잡을 때마다 우리가 서로를 조금씩 구하고 있다고 느낀다.

시간을 잊을 수 있을까

이번 여행에서는 시간을 잊어보기로 했었다. 돌아가는 날 비행기를 타야 하는 시각 말고는 되도록 시간에 대해서 생각하지 말아 보자고. 언제 일어나고 자야 하는지, 아침과 점심과 저녁 식사를 언제 할 것인지, 어디에 가고 무엇을 할지 그런 것들을 시계를 보고 결정하지 말자고. 계획은 나하 공항에 도착하기 전부터 이미 어그러졌다. 이륙이 한 시간 가까이 지연되는 바람에 렌터카 업체 픽업과 호텔 체크인이 연달아 뒤로 밀렸고, 호텔에 도착했을 때는 이미 날이 어두워져 있었다. 우리는 짐을 풀기도 전에 서둘러 나가 저녁을 먹어야 했다. 다음날 호텔 조식을 먹기 위해서는 정해진 시간 내에 1층에 있는 레스토랑으로 가야 했고, 수영장이나 라운지에 가기 위해서도 운영 시간을 확인해야 했다. 어제는 점심 전에 해수욕하러 갔다가 간조 때가 가까워져서 그냥 돌아오기도 했다. 오늘은 호텔을 옮기는 날이어서 11시 전까지 조식을 먹고 물놀이를 하고 짐을 정리해야 한다. 가고 싶은 식당의 오픈 시각을 확인하고, 다음 호텔의 체크인 시각과 식당에서 호텔까지의 이동 시간을 미리 알아보고, 오후에 잠깐이라도 바다에 나가 놀기 위해서는 만조 때도 확인해야 한다. 시간을 고려하지 않고 시간을 보내는 일이 이렇게도 어려운 일이었구나 새삼 절감하고 있다. 지금이 몇 시인지 확인하지 않고 몸이 원하는 대로, 상황이 흘러가는 대로 사는 법을 애초에 배운 적이 있었나 싶다. 생각해 보면 우리가 의식하고 있는 시간은 한낱 단위일 뿐인데 어쩌다 이렇게까지 의존하게 되었을까.

여행처럼

여행 첫날부터 매일 술을 마시고 있다. 그래봤자 500ml 캔맥주를 둘이 나눠 먹는 정도지만. 일정이 끝나고 호텔에 돌아올 때마다 편의점에 들러 주전부리와 맥주를 사 온다. 욕조에 몸을 담가 개운하게 씻고 난 후에 차가운 맥주를 한 모금 마시면 하루를 제대로 보낸 기분이다. 어제는 태풍 종다리의 영향으로 바람이 세게 불어서 해수욕을 할 수 없었다. 호텔 수영장에서 시간을 보낼 요량이었는데 이동한 호텔의 수영장이 옥외에 있어서 위험하기는 매한가지였다. 그렇다고 딱히 어딘가를 가고 싶지는 않았고, 마침 둘 다 피곤하기도 해서 그냥 맥주나 마시고 낮잠을 자기로 했다. 편의점에서 레몬 크림이 들어있는 롤케이크와 소금을 잔뜩 넣은 쌀과자와 닭꼬치와 맥주 두 캔을 사 와서 먹고는 배가 부른 채로 침대에 누웠다. 평소에는 좀처럼 하지 않는 행동이다. 남편도 나도 병을 얻은 후로는 되도록 음식을 가려 먹고 있다. 크림이나 빵, 과자, 가공육, 술 같은 몸에 안 좋은 음식은 피하고 채소와 과일을 많이 먹으려고 노력한다. 무언가 먹으면 적어도 한 시간 동안은 눕지 않도록 주의하기도 한다. 여행하면서는 그 다짐들이 느슨해지다 못해 사라져 버린 것 같다. 실은 알지만 모르는 척해 본다. 길어야 일주일, 그동안은 몸에 좋은지 나쁜지 따지지 말고 정말 단순하게 먹고 싶은 걸 먹어 보자고 우리는 은근하게 합의한다. 여행하는 동안만큼은 서로가 먹고 싶어 하는 것에 토 달지 않고, 뭐든 함께 먹는다. 더 먹자고 권하고, 또 뭐가 먹고 싶은지 묻는다. 무언가 먹을 때 건강을 생각하지 않았던, 그럴 필요조차 몰랐던 시절의 천진함을 서로에게 상기시키며 방탕한 자유를 함께 누린다. 그런 날은 지나올 뿐, 결코 되돌아갈 수는 없어서 이렇게 가끔 여행처럼 다녀온다.

이케이 비치

차를 몰고 한 시간 넘게 동쪽으로 달렸다. 우루마의 해중 도로를 타고 미야기 섬을 지나 이케이 비치에 갔다. 한낮의 해수욕장은 덥고 뜨겁고 파랗고 느긋하고 시끌벅적했다. 모래 위에도 바다 위에도 여름 특유의 활기가 넘쳐흘렀다. 탈의실이 마땅치 않아 좁은 화장실 안에서 낑낑대며 수영복으로 갈아입었다. 원피스 수영복은 놀기에 편하긴 한데 입고 벗기가 영 불편해서 비키니를 하나 장만할까 싶다. 가져간 가방을 모래사장 위에 내려놓고 암 튜브를 팔에 끼우고 바다로 들어갔다. 모래에 부서진 산호가 섞여 있어 조심히 걸어야 했다. 물속은 따듯했고 이따금 찬

물결이 다리 사이로 기분 좋게 지나갔다. 6년 전 8월에도 이곳에 왔었다. 그날은 동그란 튜브 안에 몸을 넣은 채로 바다 위에 오래 떠 있었다. 튜브 안에 몸을 기대고 반쯤 누워 하늘을 보면서 이 아름다운 장면을 오래오래 기억해야지 다짐했었다. 그때나 지금이나 수영은 조금도 늘지 않았고 나는 여전히 그저 물 위에 떠 있는 상태를, 참방거리며 발장구치고 팔과 다리를 천천히 휘젓는 것을 좋아한다. 이제는 물 위에 누워 몸을 옆으로 흔들며 춤을 추기도 한다. 몸을 꿀렁이며 앞으로 누웠다가 뒤로 눕기를, 손가락으로 물을 만졌다 밀어내기를 반복하며 놀았다. 그러는 동안 남편도 나도 자주 웃었다. 삼십 대에 왔던 바다에 사십 대에 다시 왔으니, 오십 대에도 함께 오자고 말했다. 우리가 사랑하는 것들이 오래도록 여전하기를 바랐다.

술 조심

캐롤라인 냅의 『드링킹, 그 치명적 유혹』을 읽고 있다. 이 년 전에 읽었던 책을 돌아오는 주말의 독서 모임을 위해 다시 읽고 있다. 이 년 전은 내가 아직 술을 끊기 전으로, 한 번 마시면 끝을 볼 때까지 죽어라 마시던 때였다. 여기서 끝이란 술의 양이 아니라, 내게 주어진 시간과 체력을 뜻했다. 술자리에 가면 아예 작정하고 정신을 놓아버리곤 했다. 마시다가 눈이 감길 때까지, 더는 술잔을 들 힘이 없을 때까지 오래오래 술을 마셨다. 그래봐야 한 달에 한두 번꼴이었으므로 그래도 괜찮다고 여겼다. 한창 마시던 때의 음주량과 비교하며 이 정도는 괜찮다고 나를, 혹은 누군가를 설득했다. 애초에 술을 얼마큼 마실지 계획할 생각조차 하지 않았다. 그저 마실 수 있을 때까지 마시는 거라고 당연하게 생각했다. 더 마실 수 있는데 그만 마시는 일 같은 건 있을 수 없었다. 캐롤라인 냅은 알코올 중독 치료 과정을 연인과 헤어지는 일로 묘사한다. 이 이야기를 러브 스토리라고 소개한다. 술을 끊는 일은 내게도 그랬다. 그건 만나고 헤어지기를 수없이 반복하면서 결국 다시 찾고 용서하고 화해하는 질긴 관계를 끊어내는 일처럼 지난하고도 지루하고 지겨운 일이었다. 게다가 나는 그 관계를 스스로 끊어내지도 못했다. 그저 암이라는 진단을 받은 후에 자연스럽게 술을 멀리하게 되었을 뿐이다. 여행 내내 맥주를 마시면서 틈틈이 술에 관한 이야기를 읽고 있으니, 술을 열렬히 사랑했던 시절이 절로 떠오른다. 정신을 똑바로 차리지 않으면 그 시절은 언제든 다시 시작될 수 있다. 술은 생각보다 훨씬 더 위험한 물질이다.

휴식

남편과 여행할 때 나는 좀 멍청해진다. 비단 여행할 때만이 아니라 평소에도 남편과 함께 있으면 삶에 대한 긴장도가 전반적으로 낮아지는 것 같다. 혼자 있을 때 혹은 남편 아닌 다른 이와 함께 있을 때는 대체로 이성적이고 계획적으로 행동한다. 오늘이 며칠인지, 지금이 몇 시인지 수시로 확인하며 습관적으로 시간을 구분한다. 지금 내가 무엇을 해야 하는지, 그 다음에는 무엇을 해야 하고, 어디에 가야 하는지, 그 일을 위해서 무엇을 미리 준비해야 하는지 등등 끊임없이 무언가를 하거나 생각한다. 그렇게 하루를 보내다가 남편이 퇴근할 때가 되면 슬슬 쉴 준비를 한다. 나의 휴식은 그와 긴밀하게 연결되어 있다. 그렇다고 아무 일도 하지 않는 경우는 잘 없지만, 그래도 될 것 같은 마음이 된다. 아무것도 알아보지 않아도 되고, 계획하지 않아도 되고, 결정하지 않아도 될 것만 같다. 그 모두를 남편이 해주기를 기대하고 또 믿는다. 그는 내게 없는 정보와 기술과 성향을 지녔고, 내가 무엇을 좋아하고 싫어하는지 누구보다 잘 알고 있다. 그가 고심 끝에 고른 어떤 물건, 음식, 장소는 대체로 내 마음에 든다. 그래서 어떤 날은 부러 멍청하게 굴기도 한다. 남편이 옆에 있을 때면 좀 어리벙벙하게 굴어도 괜찮을 것만 같다. 사는 일을 좀 쉬어도 좋을 것 같다.

감정

요즘 자주 느끼는 감정은 편안함과 불안이다. 상반되는 두 감정이 안팎으로 공존하면서 수시로 교차한다. 어느 쪽도 완전히 사라지지는 않는 것 같다. 다행인 건 적어도 불행하다는 생각은 들지 않는다. 살면서 축적해 둔 평안이 불안을 지그시 다스리고 있다고 느낀다. 행복하다는 말은 너무 거창해서 허상 같고, 다만 전보다 자주 기쁘고 감사하다. 친숙한 사람들, 아름다운 풍경, 선한 장면, 멋진 작품들을 보고 쉽게 감탄한다. 놀라고 감동하는 마음을 오래 지니고 싶다. 그런 감정이 쉬울 때 삶도 가볍게 느껴진다는 걸 안다. 상황이 마음대로 흘러가지 않거나 누군가로부터 안 좋은 말을 듣거나 몸의 어딘가가 아플 때 순식간에 내 안에 차오르는 감정들을 본다. 그럴 때면 형체를 알 수 없는 오염 물질이 몸 안의 어떤 기관을 해치고 있는 것만 같다. 그런 감정은 단순히 마음만 해치지 않는다. 나의 성질, 나의 정서, 나의 인상, 나의 내장 기관, 나의 가능성을 해친다. 그래서 모르는 척하지 않으려고 한다. 더 잘 들여다보고 그 감정을 어디로, 어떻게 보내야 할지 탐구하고 통로를 마련하려 애쓴다. 하루 안에 느끼는 수많은 감정을 일일이 다 헤아리며 살기란 물론 불가능하다. 어떤 감정은 너무 얕거나 희미하고 어떤 감정은 금세 흩어져버려서 형체를 가늠하기도 전에 잊힌다. 내 기분을 알아채는 일은 자주 어렵게 느껴지지만, 체념하거나 뒤로 미루지 않고 시간을 들여서 살피고 싶다. 나를 잘 돌보고 싶다.

훌라

일주일에 한 번 훌라를 배우러 다닌다. 훌라라는 춤은 오래전에 <훌라 걸스>라는 영화에서 처음 보았다. 당시 아오이 유우를 좋아해서 그가 나오는 영화를 닥치는 대로 찾아보곤 했었다. 그때만 해도 훗날 내가 훌라를 추게 될 거라고는 생각하지 않았다. 어려서부터 몸을 쓰는 일에는 영 재주가 없었다. 박자감도 없는 데다 어떻게 움직여도 당최 어색하고 우스꽝스러워서 춤에는 도통 흥미가 생기지 않았다. 그러다 작년 이맘때쯤 인스타그램을 통해 지금의 훌라 스승을 알게 되었다. 아름다운 원피스를 입고 머리에 커다란 꽃핀을 꼽고 춤을 추는 그의 표정은 황홀할 만큼 우아하고 행복해 보였다. 그처럼 춤을 잘 추고 싶다기보다는 그 행복에 가닿고 싶었다. 알고 보니 그가 운영하는 스튜디오가 집에서 멀지 않았다.

마침 새로운 곡의 수강 신청이 열렸고 홀린 듯 등록했다. 춤을 배우는 공간에는 보통 전면에 거울이 있다. 내 몸이 움직이는 모습을 꼼짝없이 봐야 한다는 뜻이다. 처음에는 춤추는 나를 본다는 생각만으로도 온몸이 경직되는 것 같았다. 막상 춤을 추기 시작하니 거울 속의 나를 보는 게 좋았다. 훌라를 추는 나는 대체로 웃고 있다. 재미있어서 웃고, 어색해서 웃고, 틀려서 웃는다. 스튜디오의 환한 조명 아래 화려하고 다채로운 파우를 입은 사람들의 얼굴을 보고 있으면 행복이라는 게 만져질 것만 같다. 거울 속의 모두가 앞에 서 있는 한 사람의 동작을 따라 하는데 모든 이의 몸짓과 표정과 옷이 다르다. 그 장면은 때로 눈물이 날 만큼 아름답다. 훌라 스승은 자주 말한다. '훌라는 내 안의 바다를 꺼내는 춤'이라고. 거울 속 사람들에게는 각자의 바다가 있다. 그 바다의 깊이와 색과 파고와 온도와 냄새가 전부 달라서 이 세상이야말로 진짜라고 느껴진다.

말하기

'좋게 말한다는 건 상냥하고 친절하게 말한다는 뜻이 아니라, 생각한 바를 처음부터 끝까지 충분히 말해 준다는 뜻이었다.' 김화진의 『동경』에서 읽은 문장이다. 요즘 말하기에 대해서 자주 생각한다. 어떻게 하면 내 감정이나 의견을 말로 잘 전달할 수 있을까. 어떤 대상이나 현상에 대해서 나는 얼마나 제대로 알고, 어떤 의견을 가졌는지 찬찬히 살피고 정리할 필요가 있다. 그렇다고 생각을 너무 오래 하다 보면 자기 검열에 빠져 말할 기회나 타이밍을 놓치기도 한다. 아무튼 이런저런 고민을 하면서 요 며칠은 책을 소리 내서 읽고 있다. 책 속 문장을 소리 내 읽으니

일상적인 대화에서는 자주 쓰지 않았던 단어나 표현을 말로 하게 되어 재미있다. 알고는 있지만 잘 사용하지 않았던 말들이 입안에서 굴려지는 느낌이 낯설고도 신선하다. 시간을 들여 책을 읽는 이유는 나를 좋은 것으로, 막연하게 좋은 것이 아니라 구체적이고 명확한 인식과 이해로 채우고 싶기 때문이다. 그리고 그 작용으로 말도 좀 잘하게 되면 좋겠다고 바란다. 말하고 싶은 마음은 결국 나를 잘 알리고 싶은 욕구에서 비롯된다. 나도 잘 모르는 나를 알아달라고 하기 위해서는 정말 많은 언어와 훈련이 필요하겠구나 싶다. 그러고 보니 이런 노력은 정말 사랑하지 않으면 할 수 없을 것 같다. '그를 제대로 아는 게 존중이 아니라 그가 나를 제대로 알도록 해주는 게 존중'이라는 정은의 『커피와 담배』에서 읽었던 구절도 떠오른다.

브로콜리 너마저

우리 집 냉장고에는 늘 브로콜리가 있다. 아니, 있었다. 브로콜리가 항암에 좋다는 이야기를 들은 후로 끼니마다 데친 브로콜리를 먹고 있다. 채소는 데치기보다는 쪄서 먹는 게 더 좋다는 말도 들었지만, 아무래도 매번 찜기를 사용하기는 영 번거롭다. 사나흘에 한 번씩 마트나 시장에 가서 브로콜리를 사 온다. 식초를 조금 넣은 물에 십분 이상 담가 두었다가 흐르는 물에 몇 차례 씻어낸다. 그렇게 해야만 이물질을 제거하면서도 영양소를 보존할 수 있다고 한다. 세척한 브로콜리의 줄기와 송이 부분을 분리해 먹기 좋은 크기로 썰고 나면 끓는 물에 소금을 넣고 이분 정도 데친다. 끓는 물에 들어간 브로콜리는 금세 깨끗하고 선명한 초록빛이 된다. 데친 브로콜리를 찬물로 빠르게 헹궈내어 한 김 식힌 후에 유리 용기에 담으면 모든 과정이 끝난다. 적고 보니 정말 간단한 일이지만 그렇다고 딱히 재미있거나 신나는 일은 아니어서 조금은 꾸역꾸역하고 있다. 원체 주방일을 좋아하지 않는 데다 특히 채소 손질은 여간 손이 많이 가는 게 아니다. 엊그제는 브로콜리를 사러 마트에 갔다가 차마 사지 못하고 돌아왔다. 여름만 해도 한 송이에 이천 원대였던 것이 삼천 원으로 오르더니 어느새 오천 원이 되어 있었다. 마트에 갈 때마다 살 수 있는 과일과 채소의 수가 점점 줄어든다. 위기는 이미 시작되었고, 하나둘 생활을 변화시키고 있다.

책의 이동

대구에 있는 독립 서점에서 재입고 요청을 받았다. 세 권의 책을 박스에 포장해 우체국에 갔다. 보통은 한 번 입고할 때 다섯 권, 많게는 열 권을 보내지만 더러 두세 권을 요청하는 서점도 있다. 책 한 권에 쓰이는 마음과 시간과 공간이 얼마나 귀한지 알기에 단 한 권의 입고 요청도 소중하다. 마음 같아서는 내 책을 받아준 서점들에 전부 들러 고마운 마음을 전하고 싶다. 그러기 위해서는 돈과 시간과 체력이 필요하므로 우선은 부지런히 책을 팔기로 한다. 명절이 얼마 남지 않아서인지 우체국에 사람이 꽤 많았다. 책을 만들고 나서 우체국에 갈 일이 정말 많아졌다.

전에는 동네에 우체국이 어디 있는지도 모른 채로 살았는데, 이제는 하루에 두세 번씩 방문하기도 한다. 우체국에 갈 때면 늘 기분이 좋다. 내 책이 어딘가로 이동한다는 감각이 더없이 가깝게 느껴진다. 내가 만든 책이 박스에 담기고 차에 실려 내게서 멀어진다. 긴 도로를 달려 대구에도 가고, 부산에도 가고 바다를 건너 제주에도 간다. 나보다 멀리, 더 많은 곳에 책들이 가는 게 재미있다. 서점에 들른 누군가가 내 책을 들어보고 페이지를 넘겨보고 그러다 책을 사기로 결정하면, 책은 또 어딘가로 이동할 것이다. 누군가의 집에, 지극히 사적인 공간 한편에 내 책이 놓여있는 장면을 상상하면 이상하게 목이 조금 멘다. 책이 그곳에 가기까지 지나간 공간과 시간과 거리가 아득하고도 끈질겨서. 무엇보다 책을 옮기는 사람들의 마음이 고맙고도 아름다워서.

나아지기보다는 덜 나빠지기를

가정용 혈압계를 산 후로 아침마다 혈압을 측정하고 있다. 오늘 아침은 수축기: 79mmHg, 이완기: 49mmHg에 맥박은 94 bpm이었다. 올해 평균을 확인하니 85/57mmHg에 83 bpm이다. 아무래도 저혈압인 듯한데, 의사로부터 주의가 필요하다는 말을 들은 적도, 따로 진단을 받은 적도 없기에 딱히 조처하고 있지는 않다. 저혈압의 증상 중에 내가 겪고 있는 증상이 있는지 찾아보니 몇 가지가 들어맞긴 한다. 가령 쉽게 피로감을 느낀다거나, 걷다가 갑자기 어지럽고 몸에 힘이 빠지는 증상이 그렇다. 어떤 날은 자려고 누워 있는데 문득 속이 메스껍고 울렁거리기도 한다. 아마도 유방암 수술과 치료로 인한 부작용이 아닐까, 생각하고 있다. 암 진단을 받은 후로 몸에 이상이 생길 때마다 치료의 부작용이겠거니 지레짐작하는 버릇이 생겼다. 몸의 어딘가가 쑤시거나 찌르르할 때, 어느 부위에 낯선 자극이 느껴질 때, 갑자기 기운이 훅 빠질 때, 현기증이 날 때, 구역질이 날 때. 그럴 때마다 그게 암 때문이라고 생각하면 감당하기 힘들 것 같다. 몸 어딘가에 다시 암세포가 생겼다고 상상하는 건 그 자체로 저주처럼 느껴져서 꺼리게 된다. 이제는 몸에 갑자기 열이 오르거나 그러다가 다시 추워져서 오소소 소름이 돋아도, 잠을 자지 못해서 몽롱하거나, 기운 없는 채로 며칠을 보내도 크게 불편하지는 않다. 몸이 변하거나 어떤 상태에 머무는 것에 주의를 기울이긴 하지만 그렇다고 뾰족한 수가 있는 것도 아니어서 그저 그런 채로 살고 있다. 나아지기보다는 덜 나빠지기를 바라면서.

그런 재미가 있었다

가만히 허공을 응시하다 문득 어떤 이들의 얼굴이 떠오를 때가 있다. 나의 일부가 된 사람들. 그들과 함께 보낸 시간과 장면들이 나를 구성하고 있다는 감각이 차오른다. 한때는 전부였던 사람들. 헤어지는 일을 생각만 해도 애가 닳아서, 가슴이 아파서 목이 멨던 사람들. 이제는 어디에서 어떻게 지내는지 알지도 못하는 채로 잘만 살아간다. 헤어지면 죽고 못 살 것 같았던 이도 이제는 몇 년에 한 번 떠오를까 말까 한다. 그 사람을 사랑했던 감정이 어떤 느낌이었더라. 그게 나를 아주 행복하게도 평안하게도, 삶을 지옥 같게도 했었는데. 사는 동안 그런 감정을 다시 느껴볼 수 있을까. 사랑이 시작될 것 같아서 설레고 하루 종일 나들이 나와 있는 것처럼 기분이 들떠 있는 상태일 수 있을까. 내가 결혼하면서 한 서약은 그런 걸 다시는 느끼지 않겠다는 맹세 같은 걸까. 나는 연애를 꽤 좋아했던 것 같은데. 그렇게 좋아하는 연애 감정을 십 년 넘도록 억제하면서 살고 있다. 이 정도애는 써야 하는 거구나. 약속을 지키기 위해서는 절대 하지 말아야 할, 넘어가지 말아야 할 마음 같은 게 있는 거구나. 새삼 생각한다. 결혼 전에는 어디 새로운 장소에 가면 여기 내가 좋아할 만한, 나를 좋아할 만한, 그래서 나와 뭔가 재미있는 일을 꾸려볼 만한 이가 있는지 살피곤 했었다. 그런 재미가 있었다. 나를 채울 타인을 찾는 재미가.

어떤 그리움

현관문 앞에 서서 출근하는 남편을 배웅했다. 가늘게 비가 내리고 있었다. 앞집의 감나무잎이 비에 젖어 반짝였다. 어제는 그렇게 덥더니 드디어 여름이 떠날 채비를 하는가 보다. 그새 더 진해진 초록빛이 싱그러웠다. 날이 참 예쁘네. 남편도 내 눈을 따라 감나무를 보았다. 아직 덜 익은 작은 감들이 나뭇잎 사이에 새초롬하게 매달려 있었다. 매년 주렁주렁 감을 키우던 나무인데 어쩐 일인지 작년에는 감이 하나도 보이지 않았었다. 아마도 작년에 앞집 아저씨가 돌아가셔서, 감나무도 슬퍼했던 걸까 우리는 이야기했었다. 감나무를 볼 때마다 긴 막대로 가지 사이를 건드

리며 감을 따던 아저씨가 생각난다. 그렇게 미리 감을 따도 어떤 감들은 철퍼덕 길 위에 떨어져 골목을 더럽히곤 했었다. 올해는 더 많은 감이 떨어지려나. 탁한 주홍빛의 열매가 바닥에 떨어져 부서지고 으깨지고 말라가는 걸 보면서 가을을 나게 되려나. 그러다 겨울이 오면 눈이 많이 내리는 어떤 날에 또 앞집 아저씨가 생각날 것 같다. 이 골목에서 눈을 쓰는 집은 앞집과 우리 집뿐이다. 작년 겨울에는 아저씨가 없고 나는 종일 집에 있어서 눈이 내릴 때마다 밖으로 나가서 눈을 쓸고 곳곳에 제설제를 뿌렸다. 눈을 쓸었다는 낭만적인 말 안에는 엄청난 노동이 숨어있다. 눈을 쓸 때마다 너무 힘들어서 절로 앞집 아저씨가 생각나곤 했다. 살다 보면 말 한마디 나눠본 적도 없는, 얼굴도 제대로 기억나지 않는, 아는 것이라고는 주소지뿐이었던 한 사람이 그리워지기도 한다는 걸 배웠던 계절이었다.

병원

12주에 한 번씩 항호르몬제인 졸라덱스를 맞으러 병원에 간다. 항암약물치료실의 단기 주사실 앞에 앉아 삼십 분 정도 기다리면 내 차례가 온다. 주사실 안에는 좁은 간이침대가 세 개 있다. 가장 안쪽 침대의 커튼을 열고 누워 있으니 의사인지 간호사인지 정확한 직명을 알 수 없는 이가 와서 내 복부 아래쪽에 주사를 놓는다. 지난번에 오른쪽에 맞았으므로 이번에는 왼쪽에 맞아야 한다고 알고 있었는데 그는 아무 상관 없다며 배 오른쪽에 주사를 놓았다. 지난번에 주사를 놓았던 이는 왼쪽과 오른쪽에 번갈아 맞아야 하니 순서를 잘 기억하고 있으라고 했었다. 오늘 주사를 놓은 이는 주사를 놓겠다느니, 따끔할 거라느니, 아플 거라느니 하는 말도 없이 커튼 안으로 들어오자마자 내 뱃살을 크게 꼬집더니 긴 주삿바늘을 푸욱 찔러 넣었다. 졸라덱스는 유방암 환자들 사이에서 졸라 아프기로 악명이 높지만 그 때문에 긴장을 잔뜩 해서인지 막상 맞으면 생각보다 크게 아프지는 않다. 다음 달에는 정기 검진이 있다. 수술 후 6개월에 한 번씩 이런저런 검사를 받는다. 암이 재발하거나, 다른 이상이 생기지는 않았는지, 치료의 부작용으로 골밀도가 약해지지는 않았는지 살피기 위해서다. 지난번 검진 때는 담낭에 염증이 보인다고 해서 또 한 번 크게 울적했었다. 다행히 당장 치료를 받아야 하는 상황은 아니어서 일단 더 지켜보기로 했다. 잊고 있었는데 병원에 오니 그때의 기분이 상기되어 괜히 심술이 난다. 병원에 고마워해야 마땅한 처지이지만, 실은 병원이 너무 싫다.

꿈

어릴 적에 버스를 타고 경사가 높은 오르막길을 오르는 꿈을 자주 꿨다. 그 길들은 학교에 가면서 보았던 골목이나 친구네 집 근처의 경사진 길 같은 언젠가 보았던 길이었지만, 그건 단지 꿈속에서의 확신이었을 뿐 현실에는 없는 길이었다. 꿈속의 나는 버스 중간이나 뒤쪽 자리에 앉아 버스가 이 오르막길을 다 오르면 이윽고 반대편의 낭떠러지로 떨어질 것만 같다고 생각하면서 잔뜩 겁에 질려 있었다. 차창 밖으로 무시무시한 낭떠러지가 보였다. 과연 차가 올라갈 수 있는 경사인가 싶은 길이었지만 기사는 매번 태연하게 차를 몰았고 나를 제외한 승객들은 모두

평온한 얼굴이었다. 얼굴이라기보다는, 그러니까 어떤 표정을 보지 못한 채로 이미 알고 있는 느낌이랄까. 꿈에서는 어떤 현상이나 장면을 구체적으로 보고 있다기보다 내가 그 사실을 알아차린다는 감각이 끊임없이 이어지며 이야기가 전개된다. 굳이 확인하거나 설명할 필요 없이 그저 그렇다는 것을 나는 받아들인다. 같은 꿈을 꿀 때마다 매번 극도의 긴장감을 느꼈지만, 단 한 번도 버스가 오르막길에서 멈추거나 길 아래로 추락하는 일은 없었다. 언제부터 그 꿈을 안 꾸게 되었는지 모르겠다. 다만 그 두렵고 초조했던 마음만은 여전히 생생하게 기억난다.

불행

이따금 불행한 상황을 과대 해석해서 작정하고 힘들어하려는 사람들을 본다. 불행을 수용하다 못해 그 안으로 침잠하기를 선택하는 사람들. 나 역시 그러고 싶을 때가 있다. 그대로 주저앉아 아무것도 희망하지 않기를 선택하고 싶을 때가 있다. 그러나 좋든 싫든 우리는 다음으로 이동해야 한다. 불행은 하나의 상황, 현상일 수 있지만 삶 전체는 유기적으로 연결되어 있다. 중요한 것은 그다음이다. 경험에 의하면 불행에도 배울 점이 있다. 어떤 불행은 삶의 구분 점이 된다. 각각의 불행을 통과하면서 우리는 무언가를 간절히 원하는 동시에 모든 것을 잃을 각오 또한 할 수 있는 사람으로 성장한다. 한 인간으로서 더 나은 사람이 되기 위해 분투하기보다는 자신을 있는 그대로 온전히 받아들이고 싶어진다. 누구에게나 자신이 시작점이다. 내가 있고 세상이 있다. 어떤 현상도 나를 우선하지 않는다. 생각해 보면 불행하며 쌓아 올린 삶의 기술과 능력이 나를 여기로 이끌었다. 완벽한 삶, 완전한 행복이라는 허상으로부터 나를 해방했다.

배움의 감각

한 독서 모임에서 만난 이의 말을 며칠째 곱씹고 있다. 그가 배우자의 가족을 처음 만나러 간 자리에서 들었다는 말. 낯설고 어색해 허둥대는 그에게 식구들이 말했다고 한다. 이곳에서 굳이 무엇을 하려 하지 말라고. 너는 그저 너로서 존재하면 된다고. 그 말을 들으면서 문득 그동안의 나는 어땠는지 돌아보게 되었다. 오롯이 나로 살기를 바라는 나는 과연 남들도 그러기를 바랐던가. 사랑하는 이들이 내 앞에서 온전히 그들 자신이기를 바란 적이 있었나. 오히려 가족에게 가장 엄격한 잣대를 들이미는 사람은 내가 아니었나. 오랫동안 가족 안에서 요구되는 나의 역할을 못마땅해했으면서. 딸, 언니, 아내, 며느리라는 굴레에 나를 맞추지 않으려고 애썼으면서 정작 다른 가족 구성원에게는 그들이 맡은 바를 충실히 수행해 주기를 바랐다. 사회가 정의하는 '정상 가족'에 반대한다고 말하면서 나는 그 '정상적인' 틀 안에서 안락하게 살고 싶어 했다. 내 부모, 형제, 배우자가 가진 고유의 성질을 궁금해하기보다 그들이 나의 평범한 가족이기를, 어떤 의미로는 보통보다 조금 더 나은 사람으로 존재해 주기를 바랐다. 생각 없이 살다가 이렇게 한 번씩 깜짝 놀란다. 나는 어쩜 이렇게 이기적일까. 어떻게 이토록 나만 생각하며 살았을까. 그러다 문득, 이렇게 계속해서 알아가는 거구나, 알아차리고 배우면서 내가 마주하는 세계를 확장해 나가는 거구나 깨닫는다. 배움의 감각이 진하게 느껴질 때가 있다. 그럴 때면 내 안의 어떤 벽이 허물어지고 공간이 넓어지는 게 눈에 보이는 것만 같다.

도착

영월에 왔다. 출발할 때만 해도 비가 그쳐서 다행이다 싶었는데 서울을 벗어나자마자 다시 비가 내리기 시작했다. 원주를 지나 제천쯤부터 도착할 때까지 비가 억수로 쏟아졌다. 바퀴가 보이지 않아 차들이 도로 위를 떠다니는 것만 같았다. 모두가 앞차가 남긴 물 자국을 따라 위태롭게 물 위를 달렸다. 평소보다 속도를 줄였는데도 몇 번은 차가 미끄러지는 게 느껴져서 가슴이 내려앉았다. 비 오는 날 운전을 꺼리는 편인데도 생각보다 자주 빗길을 달린다. 공교롭게도 여행을 계획할 때마다 비 소식이 있다. 작년에도 올해도 장마철에 긴 여행을 했다. 비 내리는 고속도로를 달릴 때면 오래전에 들었던 무서운 말이 생각난다. 스물여섯 때였나. 만나던 이의 부모가 나의 사주를 들고 한 스님을 찾았던 적이 있다. 아마도 내가 자기 아들과 결혼해도 괜찮을지 스님에게 확인 혹은 허락을 받고 싶었던 모양이다. 그 스님에게 전달된 나의 정보는 이름과 태어난 일시뿐이었는데, 그것만으로도 그는 내가 객사할 팔자라고 단정했다. 짧고도 강렬한 그 말은 스님에게서 한 중년 여성에게로, 그의 아들에게로, 이윽고 내게로 전달되었다. 그런 말이 굳이 내게로 도착해야 했을까. 이제는 그 말보다 그 말을 내게 가져온 사람들의 마음이 더 께름칙하다. 그들은 결국 내가 객사하지 않기를 바라기보다 그렇게 될 거라고 믿기로 한 셈이었다. 신기하게도 그 말을 들은 후로 자주 집을 떠났다. 나는 그 말을 믿을 수도 있고 믿지 않을 수도 있다. 다만 분명한 건 그 말은 나를 붙잡아 두지 못했다. 나는 잘 도착했다.

과정: 일이 되어 가는 경로

글을 쓰거나 그림을 그리거나 새로운 사람을 만나고 관계를 형성하는 일, 하물며 돈을 버는 일마저. 결국 과정이 전부인 것 같다. 완벽한 작품이란 게, 완벽한 상태라는 것이 과연 존재할까. 잘하기 위해 애쓰면 애쓸수록 도리어 완벽해질 수 없다는 사실만을 깨닫는다. 흠잡을 것 하나 없는 완전한 상태를 바랄수록 결과를 얻기는 요원해진다. 자꾸만 더 나은 상태를 바라느라 끝을 내지 않으면 결국 더 나아갈 수 없다. 어떤 일은 그쯤에서 끝내야 한다. 끝내고 다음으로 넘어가야 한다. 나는 딱히 완벽주의자는 아닌데 늘 나의 최선보다 더 높은 수준을 원하곤 한다. 그만큼 노력하느냐 하면 그렇지도 않다. 무언가를 위해서 충분하다고 느낄 만큼 애쓴 적은 없는 것 같다. 그저 적당하다 싶을 만큼만 노력하면서 염치없게도 결과는 그보다 조금 더 낫기를 바라며 산다. 때로 그 적당함을 유지하려는 자세가 나를 발전시키기도 한다. 너무 잘하고 싶지만, 또 그렇게까지 잘할 필요는 없어서 어느 시점에서 일을 마무리하는 것. 그 마음에는 강단이 필요하다. 나의 한계를 인정하고 나와 타협해야 하므로. 나는 어느 지점에 도달하고 싶은 게 아니라 그저 길 위를 천천히 걷고 싶은 건지도 모르겠다.

미래

어릴 때는 기술이 발전할수록 삶의 질이 향상되고, 그러면 자연히 모두가 행복해질 거로 생각했다. 미술 시간에 하늘을 나는 자동차나 바닷속에 사는 사람들을 그릴 때만 해도 세상은 분명 점점 더 아름답고 풍요로워질 거라는 믿음이 있었다. 아이였을 때는 확실히 삶을 낙관했던 모양이다. 연일 새롭고 놀라운 기술이 쏟아지고 있다. 이따금 세상이 변하는 속도에 깜짝 놀란다. 세상은 대체 얼마나 더 발전하려는 걸까. 인류는 과연 어느 지점까지 가려 할까. 미래의 어느 장면을 상상하면 왜인지 행복한 사람들의 얼굴이 잘 떠오르지 않는다. 똑똑한 사람들이 내다보고 만들어 가는 미래가 가끔은 두렵다. 그 세계가 나를, 내가 사랑하는 사람들을, 내가 사랑할 수 있는 누군가를 배제할까 봐. 지금 내게 보이지 않는 삶, 들리지 않는 목소리가 있듯이 어떤 세계에는 내가 없을 것 같아서. 그 사실이 나의 생존을, 인간으로의 존엄을 위협할까 봐 두렵다. 곧 많은 직업이 사라질 거라고들 한다. 드디어 인간이 일하지 않아도 되는 시대가 도래할 거라고 말한다. 나는 일하기 싫어하는 사람 중 하나면서도 그게 좋은 일인지 잘 모르겠다. 노동의 강도가 점차 약해지고 수요가 줄고 그러다 노동자가 아예 사라지는 시대가 정말 올까. 그 시대는 과연 모두에게 이로울까. 어린 날 상상했던 미래의 기술이 하나둘 실현되는 것처럼 모두가 행복한 세상도 언젠가는 정말로 올까. 그런 걸 믿기에는 '모두'와 '행복'과 '세상'과 '언젠가'와 '정말'이라는 말이 붙은 거짓말을 너무 많이 들은 것 같다.

영영

십오 년 전에 한 사람이 죽었다. 만 오십삼 년을 채 살지 못한 한 남자의 죽음이었다. 남자에게는 아내와 두 딸이 있었다. 남자의 안에는 그들을 향한 사랑이 그득했지만, 그 사랑은 잘 보이지 않았다. 남자의 죽음 앞에서 세 여자는 슬픔과 죄책감을 동시에 느꼈다. 셋 중 누구도 그의 생과 사 중 어느 쪽이 자신에게 이로울지 자신 있게 답할 수 없었다. 남자는 오랜 알코올 중독 환자였다. 그의 생은 여자들을 다양하게 힘들게 했다. 그럼에도 남자를 잃은 여자들은 큰 슬픔과 절망으로 가슴이 무너져 내리는 것을 느꼈다. 너무 가까운 이의 죽음이 눈앞에서 일어났다. 그건 얼마의 시간이 지나면 털어버릴 수 있는, 익히 알고 있던 이별이 아니었다. 세 여자는 오랫동안 각자의 비통함에 잠겨있었다. 남자가 죽고 난 후에도 여전히 남자와 살고 있는 여자들에게 남자는 그저 둘로 나뉘었을 뿐이다. 살아있는 동안의 남자와 죽고 난 후의 남자. 여자들의 인생에서 남자는 사라지지 않았다. 죽는 날까지 남자가 영영 사라지지 않을 거라는 사실을 어느 순간 여자들은 알았다. 한 사람의 죽음을 각자 다르게 겪는 세 여자의 생은 서로 이어져 있다. 그의 죽음은 적어도 세 가지 모양을 가졌다. 세월이 흘러 여자들마저 다 죽고 나면 남자는 어디로 갈까. 그는 과연 이 세계에서 영영 사라질 수 있을까.

어쩌다

오래 전의 내가 다른 사람처럼 느껴진다. 그런 사람이 있었는데. 아, 그게 나였지 싶다. 십 년, 이십 년 후에 나는 지금의 나를 어떻게 기억할까. 내가 가질 수 있는 것은 나뿐이다. 잃어버릴 수 있는 것 또한 나밖에 없다. 때로는 내가 너무 미물이어서 어처구니가 없다. 어떤 슬픔은 내 몸을 초과할 만큼 큰데, 어떤 고통은 나를 산산이 조각낼 것처럼 아픈데. 나라는 존재 자체가 너무 작아서 그 슬픔과 고통마저 허망하게 느껴질 때가 있다. 내가 여기서 이렇게 살고 있다는 감각이 내게만 지나치게 강렬해서 괜스레 머쓱해진다. 얼마나 잘 살고 싶어서, 얼마나 더 갖고 싶어서 이렇게 애를 쓰나. 살면 살수록 내 안에 내가 빼곡히 쌓인다. 그 모든 나가 문득 낯설게 느껴질 때가 있다. 그 오랜 시간, 그 많은 일들을 겪고 지금 여기에 와 있는 내가 그러니까, 왜, 어쩌다 여기에 있지 싶어질 때가 있다.

낙관

인간은 왜 자살하지 않는 걸까. 자살. 스스로 자기 목숨을 끊는 행위. 대부분의 인간은 스스로 자기의 목숨을 끊을 수 있는 능력을 갖추고 있다. 하지만 그러지 않는다. 왜일까. 알베르 카뮈는 '참으로 중대한 철학적 질문은 단 하나, 자살.'이라고 말했다. 그러니까 질문은 왜 죽지 않는가에서 왜 살아야 하는가로 넘어온다. 나는 왜 살아가는가. 죽을 수 있는데 죽지 않고 사는 이유는 무엇인가. 암에 걸리고도 죽지 않기를 선택한 이유는 무엇일까. 암세포를 제거하고 혹시나 또 생길지도 모를 암세포를 방지하기 위해 치료를 받고 약을 먹고, 그 약에 대한 부작용 때문에 어떤 치료를 추가로 받아 가면서까지 살고자 하는 이유는 무엇일까. 살고 싶다는 욕망은 단지 본능일까. 나는 과연 사는 게 좋다고 생각하나. 시시로 힘들고 불안하고 짜증 나고 어렵고 뭔지 모르겠고 너무 하기 싫고 괴롭고 슬프고 토할 것 같기도 하지만 그럼에도 불구하고 살아있는 편이 더 낫다고 믿는 이유는 뭘까. 어떻게 이게 가능할까. 나는 어째서 이토록 낙관적일까. 지금까지의 삶은 그리 낙관할 만한 것이 아니었는데 말이다. 나는 왜 살고 싶어 할까. 이 마음은 대체 어떤 확신에 기대고 있는 걸까.

나도 그중 하나였다

가끔 직장에 다니던 시절의 기분이 떠오른다. 함께 일하던 직원이 더는 못 하겠다고 말했던 날. 언제 화를 당할지 몰라 근무 시간 내내 긴장감을 유지해야 하는 일을 더는 하고 싶지 않다고 그는 말했었다. 퇴근 후에도 주말에도 스마트폰에 뜬 알림을 보면서까지 스트레스를 받고 싶지 않다고 했다. 나는 할 말이 없었다. 그 자리의 직원이 그만둘 때마다 나는 한 번도 붙잡지 못했다. 그만두는 이유를 물어보는 일조차 미안했다. 내가 바꿔줄 수 있는 건 아무것도 없었다. 나는 아무것도 책임져 줄 수 없었다. 그 자리의 직원이 제 몫의 일을 하고도 모욕적이고 수치스러운 언사를 꾹 참고 견디는 동안 회사의 다른 부분은 무탈하게 돌아갔다. 다른 직원들은 그가 계속해서 잘 버텨주기를 바랐다. 나도 그중 하나였다. 커피 한 잔, 술 한잔 사준다고 무마할 수 있는 일이 아닌 걸 알면서도 커피를 사고 술을 샀다. 뭐 하나 더 줄 게 없을까 고민했다. 그렇게 자꾸만 그의 표정을 못 본 척했다. 내 업무에 치여 보지 못한 날도 많았다. 남의 일이니까, 그렇게 각자의 일을 하는 거로 생각해 버리고 말았다. 내가 고민해 봐야 무엇을 바꿀 수 있나, 그러다 외려 내가 그만두고 싶어지면 어쩌나 걱정했다. 그만둔다고 큰일이 나는 것도 아니었는데.

나의 미래

우리가 상상하는 노인의 얼굴은 자신의 얼굴에서부터 출발하지 않는다. 인간은 자신과 타인을 끊임없이 구분하고 차별하는데 그중 하나는 늙은 인간과 나를 구별하는 일이다. 우리는 어쩌다 이렇게까지 늙음을 외면하고 기피하게 되었을까. 노년층의 수는 날로 늘어가는데 노년의 삶에 대한 정보는 여전히 멀고 희부옇다. 노인의 이미지를 불행하거나 슬픈 형상으로 포장하는 건 사회의 어떤 부분의 이익을 위해서일까. 단지 나이가 많다는 이유로 삶이 두려워진다면 그만큼 사회가 건강하지 않기 때문은 아닐까. 삶의 끝에 이르면 누군가는 혼자가 된다. 남겨지는 이는 내가 될 수도 있고, 나와 함께 살던 사람일 수도 있다. 육체의 쇠퇴로 인해 더 이상 노동할 수 없는 사람들은 죽기 전까지 어떻게 생계를 유지할 수 있을까. 무엇이 필요해지고 어떤 점이 불편해질까. 노인을 보면서 그들의 삶을 나의 미래라고 여기고 싶다. 그 미래를 상상하면서 두려워하거나 불안해하고 싶지 않다.

누운 채로

새벽에 몇 번 눈이 떠졌다. 눈을 뜬 채로 누워있었다. 문득 기시감이 들었다. 이 시각, 이런 기분, 이런 자세로 내가 누워있었던 곳들이 두서없이 떠올랐다. 혼자였거나 누군가와 함께였거나, 내가 살던 곳이었거나 혹은 누군가의 집이었거나. 높이가 비슷했던 침대들, 따듯한 이불속, 그곳에 누워서 보았던 천장의 무늬들, 희미하게 빛이 새어 들어오던 창, 방의 냄새, 옆에 누운 이의 뒤척임과 온기, 살결의 감촉. 수많은 이미지가 하나의 장면처럼 나를 통과하는 걸 느꼈다. 너무 많은 방, 너무 많은 침대, 너무 많은 사람들이 거기 있었는데 지금 내게는 그저 이만큼의 작용을 하는구나. 마치 아무 일도 없었다는 듯이, 별일 아니라는 듯이 기억이 나를 스쳐 지나간다. 나를 조금도 해칠 생각이 없다는 듯이. 분명 기억만으로도 다치고 아팠던 날들이 있었는데. 나는 누운 채로 어느새 이곳에 와 있다. 누운 채로 수많은 시간을 지나 이곳에 누워있다. 사는 게 너무 힘들고 싫어서 그대로 영영 눈이 떠지지 않으면 좋겠다고 생각했던 밤이 있었는데. 도무지 자신이 없어서 더는 앞으로 나아가지 못할 것 같다고 느꼈던 때가 있었는데. 내가 언제 이만큼 왔지. 어떻게 여기까지 왔지. 그런 생각을 하다 보니 정말 다 괜찮아졌다는 걸 알겠다. 과연 다 지나갔구나. 그렇게 또 지나 보낼 수도 있겠구나. 그 기분이 좋아서 절로 눈이 감겼다.

가을 아침

어제는 웬일인지 둘 다 너무 피곤해서 이른 저녁부터 자리에 누웠다. 잠깐 자고 일어날까 했던 것이 자다 깨기를 반복하며 아침까지 이어졌다. 열두 시간 가까이 누워 있었더니 오랜만에 등허리가 다 아팠다. 일어나 거실 바닥에 누워 스트레칭하고 현관문과 창문을 전부 열었다. 파랗고 따듯한 볕이 집 안으로 들어왔다. 앞집 감나무 가지 위에 까치가 앉아 있었다. 하늘색이 유독 고와서 세상이 선해 보였다. 매일 이런 날씨라면 모두가 한결 다정해질 것만 같다. 접시에 채 썬 양배추와 데친 브로콜리와 오이와 삶은 감자를 담아 올리브오일과 후추를 두르고, 모닝빵을 오븐에 살짝 데워 카이막을 바른 후에 커피와 함께 먹었다. 아침을 먹으면서 아무래도 산책하러 나가야겠다고 생각했다. 이 맑은 가을 아침을 실컷 만끽하고 싶었다. 대충 옷을 갈아입고 뻗친 머리칼을 모자로 누르고 밖으로 나갔다. 근처 공원 길을 따라 걷다가 계단을 내려가 동네를 크게 한 바퀴 걸었다. 남편이 발견한 어느 담장 위 늙은 호박을 구경하고 보라색 나팔꽃과 아직도 남아있는 능소화와 배롱나무꽃을 보았다. 하늘도 볕도 바람도 공기도 더없이 맑고 깨끗해서 이 아침이 호사스럽게 느껴졌다. 가을이 점점 더 짧아질 거라고들 하던데 앞으로 이런 날을 얼마나 더 누릴 수 있을까. 생각해 보니 해마다 이맘때쯤 남편과 휴일 아침에 산책을 했던 것 같다. 너무 귀해서 밖으로 나가지 않으면 안 될 것 같은 날들. 행복이 사방에 늘어지도록 아름다운 가을이다.

점점 커지는 세계

경험이 중요한 이유는 무엇이 내게 좋거나 이로운지 혹은 내가 무엇을 원하는지 알 수 있는 안목을 키울 수 있어서인 것 같다. 이십 대를 떠올려 보면 나는 정말이지 아무것도 몰랐다. 나를 둘러싼 세계는 너무도 작아서 내가 얻을 수 있는 정보와 지식과 언어와 감정의 양 자체가 현저히 적었다. 물리적인 활동 반경을 비롯해 경험할 수 있는 인간관계 또한 한정되어 있었다. 그 시절의 경험은 대부분 연애를 통해 이루어졌다. 새로운 장소에 가거나 새로운 음식을 먹거나, 시간을 어떻게 쓰고 몸을 어떻게 대하고 대화는 어떻게 하는지, 내가 느낄 수 있는 감정에는 어떤 종

류가 있고 그런 걸 어떻게 겪거나 지나 보낼 수 있는지. 거의 모든 걸 연애를 통해 배웠다 해도 과언이 아니다. 인간관계에 기대하거나 체념하는 방식에도 연애를 통해 경험한 만큼의 한계가 있었다. 그래서 아직도 이성 간에 단순한 친구 사이는 없다고 생각하는지도 모르겠다. 내게는 그런 남자 친구들이 없었기 때문에. 삼십 대에 결혼하고 남편을 통해 새로운 세상을 보고 겪었다. 함께 사는 동안 남편의 경험과 그로 인한 정서, 세상을 바라보는 방식 같은 것을 나도 모르는 새 체득했다. 연애와 결혼 경험을 통해 내 세계는 분명 확장되었다. 사십 대쯤 되니 이제는 다른 유의 인간관계가 궁금하다. 그래서 자꾸만 이런저런 모임에 나가서 새로운 사람들을 만난다. 낯선 얼굴을 마주하고 이야기를 들으면서 내가 상상할 수 있는 세계가 점점 커지는 걸 느낀다.

평화로운 날

당연한 이야기지만 남편과 사이가 좋으면 기분이 좋다. 그 상태가 내가 원하는 일상의 기본값인 것 같다. 우리가 서로의 말에 귀를 기울이고 상대에게 좋은 말을 다정하게 전하고 싶어 할 때, 상대가 원하는 것을 해주고 싶어 하고 무언가를 함께 하며 시간을 즐거이 보내고 싶어 할 때 우리는 둘 다 행복하다. 우리가 기분이 좋지 않을 때는 대체로 상대의 말이나 행동으로 인할 때가 많다. 그러니까 상대가 내가 원하는 대로 반응하지 않을 때, 내게 다정하지 않을 때, 쌀쌀맞거나 툴툴거릴 때 즉각적이고도 빠르게 기분이 나빠진다. 서로가 어떻게 구는지에 따라 기분과

태도가 바뀌고 완전히 다른 하루를 보내게 된다. 그래서 조심하게 된다. 계속 좋은 상태로 있고 싶어서. 나의 정서적 안정과 평온을 위해서 이 관계의 평화를 지키고 싶다. 시월의 첫째 날 떠났던 여행은 유독 여유롭고 편안했다. 손을 잡고 여름과 가을 속을 오래 걸으며 자주 웃었다. 마음이 느슨해진 채로 며칠을 보내고 돌아왔다. 이런 날을 보내기까지 우리가 지나온 시절을 생각하니 새삼 대견하고 뿌듯하다.

병원 가는 날

어제 오후에 낮잠을 길게 잔 탓인지 새벽에 일찍 잠에서 깼다. 깼다고 하기에는 몽롱하고 다시 잠을 청하기에는 어중간하게 명료한 상태로 거실로 나왔다. 오전에 진료 예약이 잡혀있다. 아마도 그 때문에 다시 잠들지 못하는 걸까. 크게 신경 쓰고 있다고 느끼지 않았는데 실은 꽤 걱정하고 있는지도 모르겠다. 언제부턴가 나의 모든 면면을 다 알아차릴 수는 없다고 생각하게 되었다. 나를 아는 데 쓸 수 있는 시간과 에너지 또한 한정되어 있으므로, 일정 부분은 짐작하는 것으로 그쳐야 한다. 몇 시간 후에 의사를 만나면 보름 전에 받았던 몇몇 검사의 결과를 듣게 될 것이다. 그런 검사들로 내 몸의 상태를 완벽하게 알 수는 없다. 다만 현재의 기술로 정해진 단계에 따라 나의 신체에 가장 가까이 접근하여 알아낸 의학적 정보를 가지고 짐작할 수 있을 뿐이다. 어제 병원 앱에서 혈액 검사 결과를 미리 확인한 결과 모든 수치가 정상이었다. 그런 결과가 위안이 된다. 반년에 한 번씩 이런저런 검사를 받고 의사를 만난다. 내가 괜찮다는 것을 그에게 확인받아야 다음의 삶을 도모할 수 있다. 내 몸의 어딘가가 아파도, 그가 괜찮다고, 자연스러운 현상이라고 말하면 나는 괜찮은 상태가 된다. 규칙을 알게 된 후로 진료 시간은 짧을수록 좋다고 생각하게 되었다. 의사와는 아주 짧게, 가끔만 만나는 편이 여러모로 좋다. 둘 사이에 상의할 일이 없어야 좋다.

연민

내가 가장 연민하는 대상은 다름 아닌 나이다. 그가 지금껏 어떤 일을 겪어왔는지, 누구와 만났고, 그들과 어떻게 헤어졌는지, 어떤 기분으로 사랑을 잃거나 버렸는지 나는 안다. 어떤 방식으로 돈을 벌었고, 돈을 벌기 위해 무엇을 견뎠는지. 어떤 계절, 어떤 날씨를 좋아하는지, 그 날씨를 왜 좋아하는지. 어떤 옷을 좋아하고, 왜 그런 스타일을 좋아하게 되었는지, 상대가 내게 어떤 말을 하고, 나를 어떻게 대할 때 어떤 기분을 느끼는지 전부 알고 있다. 내가 하는 말과 행동, 찰나에 느끼는 감정에 대한 답을 가지고 있다. 내가 왜 그랬는지, 왜 그렇게 하지 않았는지 나는 이해한다. 누구보다 가까이에서 그를 봐 왔다. 늘 그의 안위를 걱정했고, 그의 고민과 선택을 이해하려 애썼다. 그러니 그가 무슨 짓을 한다고 해도 나는 그를 완전하게 미워할 수 없을 것이다. 도무지 이해할 수 없는 모습마저 나는 이미 용서하고 있다. 글을 쓰고자 하는 마음 또한 나를 더 잘 알고 싶어서이다. 나를 정돈하고 다독이고 힘을 주기 위해서이다. 나는 늘 내가 먼저, 가장 크게 염려되었다. 지극히 이기적인 이 마음이 나의 본성임을 이해한다.

작은 사람

살면서 한 번도 큰 사람이었던 적이 없다. 초등학교에 입학한 후로 나의 자리는 줄곧 맨 앞이었다. 체육 시간이나 조회 시간에 운동장에서 모일 때면 늘 맨 앞줄에 서서 '기준!'을 외치곤 했다. 보통 한 번씩은 학창 시절에 키가 컸던 시기가 있었다고들 하던데 아무리 생각해 봐도 나는 그랬던 적이 없다. 나의 뼈는 한 번도 눈에 띄게 자란 적이 없다. 나는 늘 작은 아이였고 그대로 자라서 작은 사람이 되었다. 나의 몸은 정말이지 아주 천천히, 조금씩 조금씩 자라다가 성급하게 멈춰버렸다. 어렸을 때는 잠자리에 들기 전, 갑자기 키가 훌쩍 커 버린 다음 날 아침의 나를 상상하곤 했었다. 깜짝 놀랄 가족과 친구들, 선생들의 표정. 바꾸거나 새로 사야 할 옷과 물건의 목록에 대해서 생각하면 설레고 재미있었다. 아침이면 어김없이 작은 몸으로 잠에서 깼지만 그렇다고 딱히 실망스럽거나 슬프지는 않았다. 나는 맨 앞자리가 익숙했고 작은 사람으로 사는 일이 불편하거나 불쾌하지 않았다. 오히려 종종 뜻하지 않게 배려받았고 쉽게 귀여움을 받으며 살았다. 이제는 딱히 큰 나를 상상하거나 기대하지 않는다. 오히려 나이를 먹을수록 점점 더 작아질 나를 자주 상상한다.

내가 주고 싶은 사랑

세상 어디에도 나와 완벽하게 들어맞는 사람은 없다. 나조차 환경에 따라, 상황에 따라 하다못해 기분에 따라 끊임없이 말을 바꾸고 자세를 고치지 않나. 그 변화의 사이클까지 맞는 사람이 세상에 존재할 리가 없다. 자의로 누군가와 함께 사는 일에는 결국 사랑이 관여한다. 사랑 없이는 그 수많은 감정과 선택을 설명할 길이 없다. 타인과 함께 살기 위해서는 각오했던 것보다 더 큰 마음이 필요하다. 서로 맞지 않는 부분은 물론이고 내게는 결점처럼 느껴지는 부분까지 이해하고 받아들이고 묵과할 수 있는 너른 마음이 필요하다. 상대의 실수를, 설령 그 일이 내게 상처를 준다 해도 안아줄 수 있는 마음이 요구된다. 한 사람과 십 년 넘게 함께 사는 동안 그런 걸 배운 것 같다. 이런 시도는, 그러니까 몇 번이고 같은 시도를 반복할 수 있는 마음은 사랑이라는 걸. 남편과 나는 꼭 맞지 않다. 우리의 성질이나 가치관, 세부적인 습관이나 추구하는 삶의 방식 같은 것들을 죽 나열해 보면 비슷한 부분보다 다른 부분이 훨씬 더 많을지도 모른다. 나는 더 이상 사랑에 그런 걸 기대하지 않는다. 남편이 나와 닮거나 똑같기를, 그가 나와 꼭 같은 꿈을 꾸기를 바라지 않는다. 우리는 서로의 배우자이기 전에 개별적으로 존재하는 한 사람이다. 그가 다만 그로서 존재하기를 바란다. 그 마음은 쉽지 않아서 마음을 다잡고 다시 먹고 계속해서 달래야 하지만, 그것이 내가 그에게 주고 싶은 사랑이라는 걸 안다.

생일 아침

생일이다. 마흔두 살이 되었다. 정부의 만 나이 통일법 때문에 자꾸만 살았던 나이를 다시 사는 것처럼 느껴진다. 느지막이 일어나 남편이 끓여준 미역국을 먹었다. 보통 아침에는 빵이나 요거트에 채소와 과일을 먹는 편이지만 생일처럼 특별한 날에는 이따금 한식을 먹는다. 며칠 전에도 미역국을 끓여 먹었었다. 엄마의 집에서 가져온 소고기를 너무 늦지 않게 먹기 위한 방편이었다. 내가 끓인 미역국과 남편이 끓인 미역국의 맛은 비슷하기도 하고 아주 다르기도 하다. 남편이 끓인 미역국 안에는 내가 좋아하는 안심이 들었다. 기름지거나 질긴 부위를 일일이 잘라내고 식감을 살려 다져 넣었다고 한다. 내가 좋아하는 것을 골라 내가 먹기 좋은 크기로 손질해 내 그릇 위에 놓아주는 일을 남편은 좋아한다. 나를 잘 먹이는 일은 그가 나를 사랑하는 방식 중 하나다. 나는 그 마음을 잘 모른다. 밥을 짓는 수고가 기꺼웠던 적이 나는 별로 없다. 그래서 그가 내게 주는 사랑이 더 크게 느껴질 때가 있다. 내게는 쉽지 않은 방식이어서. 그가 나를 사랑하기 위해 먹었을 여러 마음을 헤아려본다. 그 마음들은 어떻게 내게 이토록 당연해졌나. 생일 아침 미역국을 먹으면서 이 아침이 나의 자긍심이 되는 걸 느낀다.

살던 집에서 꾸던 꿈을 꾸는 삶

'트루빌에는 바다가 있다. 밤이나 낮이나, 눈앞에 없으면 머릿속에라도 있다.' 마르그리트 뒤라스의 『물질적 삶』에서 읽은 구절. 언젠가 바닷가 마을에서 사는 꿈을 꾼다. 어디를 가도 바다가 가까이 있어서 종일 집안에만 있어도 이 벽 뒤에 바다가 있다는 사실을 느낄 수 있는 집에서 살고 싶다. 매일 바다를 보고 만지고 그리고 꿈꾸면서. 어쩌면 십 년 뒤 혹은 노년에는 제주에 가서 살 수 있을까. 그러기 위해서는 이렇게 꿈만 꿔서는 안 된다는 걸 안다. 서울에서 제주로 일상의 배경을 바꾸기 위해서는 정리해야 할 것도, 새로 마련해야 할 것도 엄청나게 많을 테다. 서울

내에서 집만 옮기는 이사와는 비교도 되지 않겠지. 그렇게 힘든 일이라면 조금이라도 젊을 때 시도해야 할 것도 같은데 아직껏 망설이는 이유는 뭘까. 바로 떠오르는 두 가지는 남편과 우리의 병이다. 일단 남편은 직장을 그만둘 생각이 없는 데다 나는 그가 서울을 떠나고 싶은지, 나처럼 바닷가 마을에서 살고 싶은지조차 알지 못한다. 나는 그걸 왜 모를까. 아마도 실현 가능성이 없다고 생각해서 논의조차 해보지 않았던 것 같다. 사실 그보다 더 큰 문제는 병원이다. 남편도 나도 비교적 큰 병을 앓고 있어서 일 년에 몇 번은 진료든 검사든 치료든 약이든, 여러 이유로 대학병원에 가야 한다. 병원이 멀어지면 우리는 어떤 두려움을 새로이 안고 살게 될 것이다. 이런저런 생각을 하다 보면 결국 제자리에 있다. 살던 집에서 꾸던 꿈을 꾸는 삶. 이렇게 쓰고 보니 이 삶은 또 얼마나 귀한가 싶다.

안부

쓰는 동안 지나버린 계절의 단편을 새로운 계절에 다시 읽습니다. 자꾸만 지난날을 돌아보는 버릇은 아마도 삶에 대한 애정 때문인 것 같습니다. 다만 조금씩, 분명하게 살고 싶습니다. 살아온 날들과 살아갈 날들 사이의 무수한 내가 거듭해서 나를 도울 거라고 믿고 싶습니다.

긴 호흡으로 안부를 전합니다. 삶의 겨를마다 자주 기쁘기를, 마땅한 사랑을 누리기를.

삶의 겨를마다
곽다영 단상집

초판 1쇄 발행 2025년 3월 14일

글·사진 곽다영
편집·디자인 곽다영

발행처 그다음
출판등록 2025년 2월 17일 제2025-000020호
전자우편 afterthatpress@gmail.com

ISBN 979-11-991773-0-7 (02810)
ⓒ 곽다영 2025

* 이 책은 '을유1945'와 'Mapo금빛나루' 서체를 사용했습니다.
* 이 책은 저작권법에 따라 보호받는 저작물이므로
  무단 전재와 복제를 금합니다.